Kandinsky

Wasily Kandinsky

Forma, composición y color
Escritos del *Jinete Azul*

Con introducción de Hugo Ball

casimiro

casimiro [*casimiroa edulis*]

Traducción de Francisco Uzcanga Meinecke

© Casimiro libros, Madrid, 2024
Todos los derechos reservados
www.casimirolibros.es

ISBN: 978-84-19524-32-4
D. L: M-19639-2024

Hecho en Madrid

ÍNDICE

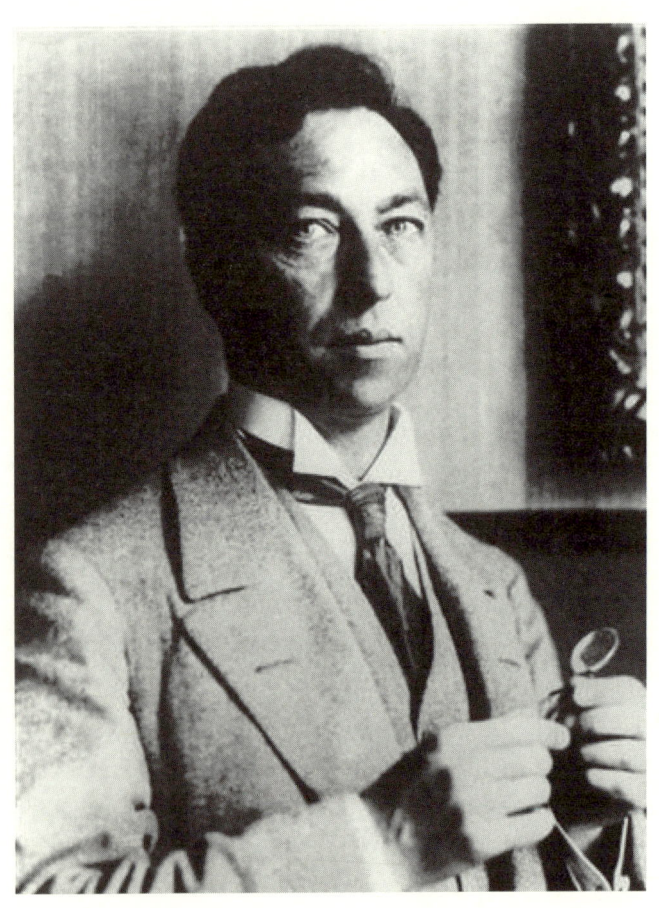

WASSILY KANDINSKY
(Moscú, 1866 - Neuilly-sur-Seine, 1944)

KANDINSKY
Conferencia pronunciada en la Galería Dadá

Hugo Ball

I. La época

Son tres las cosas que han conmocionado profundamente el arte de nuestros días, le han dado un nuevo rostro y han posibilitado su tremendo auge: la supresión de Dios a cargo de la filosofía crítica, la desintegración de los átomos en la ciencia y la estratificación de las masas en la Europa actual.

Dios ha muerto. Un mundo se hizo pedazos. Yo soy dinamita. La historia del mundo se parte en dos. Una era se abre ante mí. Y una era se abrirá después de mí. La religión, la ciencia, la moral; fenómenos que brotaron a partir de la angustia de los pueblos primitivos. Una época se desmorona. Una cultura milenaria se desmorona. No quedan pilares ni puntales, ya no hay fundamentos, todo ha volado por los aires. Las iglesias son castillos en el aire. Las convicciones son prejuicios. El mundo moral carece de perspectivas. Arriba es abajo, abajo es arriba. Se han transmutado los valores. El cristianismo sufrió una sacudida. Los principios de la lógica, del equilibrio, de la unidad y de la razón se desvelaron como postulados de una teología despótica. Desapareció el sentido del mundo. Prorrumpió el caos. Prorrumpió el tumulto. El mundo asistió a una ciega confrontación entre fuerzas desatadas. El ser humano perdió su semblante divino, se convirtió en materia, en azar, en un conglomerado, en un animal, en una masa delirante de pensamientos abruptos, compulsivos y precarios. El ser humano perdió la situación privilegiada que le había otorgado su raciocinio. Se convirtió en una partícula de la naturaleza, en algo que una mirada desprejuiciada consideraría similar a un batracio o a una cigüeña, con miembros desproporcionados, con una protuberancia en el rostro que recibe el nombre de "nariz", con amasijos a los lados que solían llamarse "orejas". El ser humano, despojado de su ilusión divina, se convirtió en algo vulgar, sin mayor interés que una piedra, creado y regido por las mismas leyes; se disolvió en la naturaleza, había mil motivos para no fijarse en él, a no ser que se quisiera perder, con espanto y repugnancia, el poquísimo respeto que aún se podía profesar a esa lastimosa reproducción del ya muerto creador. Estalló una revolución contra Dios y su creación. Una anarquía que liberó a los demonios y desató las fuerzas de la naturaleza. Los titanes se pusieron de pie y derrumbaron los castillos del cielo.

Pero no solo se derribaron los muros: se molieron, se desintegraron, se pisotearon los granos de arena. No solo no quedó una piedra encima de la otra, ni siquiera quedaron dos granos o dos átomos juntos. Se deshizo la fortaleza. Se deshizo la piedra, la madera, el metal. Lo grande menguó y lo pequeño se agigantó. El mundo se volvió monstruoso, siniestro, desaparecieron el equilibrio racional, las convenciones y las medidas.

La electrónica produjo extrañas vibraciones en todas las superficies, líneas y formas. Los objetos cambiaron de forma, de peso, cambió su interrelación, su solapamiento. Igual que los espíritus en el terreno filosófico, también en el terreno físico los cuerpos fueron redimidos por la ilusión. Crecieron las dimensiones, cayeron las fronteras. Los últimos principios controlables frente a la arbitrariedad de la naturaleza eran el gusto particular, la sensibilidad y el logos de cada individuo. En medio de las tinieblas, la angustia y el sinsentido alzó su gigantesca cabeza un nuevo mundo lleno de presentimientos, interrogantes e interpretaciones.

Y, de forma amenazante y con capacidad destructora, surgió un elemento inédito que buscaba desesperadamente un nuevo orden para el mundo en ruinas: la cultura de masas de la moderna metrópolis. Se extinguió la vida individual, murió la melodía. La impresión particular ya no significaba nada. Los pensamientos y las percepciones se apelotonaban en el cerebro, una sinfonía de emociones. Aparecieron máquinas que sustituían a los individuos. Aparecieron estructuras y entes de una inmensidad sobrehumana, supraindividual. El miedo se convirtió en una criatura con millones de cabezas. La fuerza ya no se medía en relación a un individuo sino a miles de caballos. Las turbinas, las calderas, los martinetes y la electricidad crearon campos de energía e ingenios capaces de controlar de manera implacable ciudades enteras, países enteros: nuevas batallas, nuevos hundimientos y nuevas ascensiones, nuevas celebraciones, nuevos cielos y nuevos infiernos. Un mundo de demonios abstractos engulló las afirmaciones particulares, carcomió los rostros individuales hasta convertirlos en imponentes máscaras, engulló la expresión privada, robó el nombre a las cosas concretas, destrozó el yo y agitó hasta embravecerlo el mar de los sentimientos encontrados. La psicología se convirtió en chismorreo. Las estructuras pusieron el grito en el cielo. La metafísica tronaba, socavaba los cimientos. En el horizonte se dibujaban finas vibraciones y a la vez engendros de dimensiones escandalosas que se multiplicaban, se seccionaban, se penetraban entre sí.

II. El estilo

Los artistas de nuestra época se orientan hacia el interior. Su vida es una lucha contra la demencia. Si por un momento su obra no logra alcanzar el equilibrio, el balance, la necesidad y la armonía, se sienten desgarrados, desmembrados y despedazados. Los artistas de nuestro tiempo no decoran pabellones de caza como durante el Renacimiento. No cuentan fábulas como en el Rococó, no hallan tampoco motivo para deificar, como ocurría en el Gótico y el primer Renacimiento. Sus obras tienen mayor afinidad con las máscaras rituales de los pueblos primitivos, con las máscaras contra la peste negra y las máscaras intimidatorias de los peruanos, los aborígenes australianos, los negros de África. Los artistas de nuestra época se enfrentan al mundo como ascetas espirituales. Llevan una existencia profundamente ausente. Son pioneros y profetas de una nueva era. Sus obras resuenan en un lenguaje que apenas acaban de conocer. Contrastan con la sociedad igual que los herejes en la Edad Media. Sus obras filosofan, politizan y profetizan al mismo tiempo. Son precursoras de toda una época, de una nueva cultura total. No es fácil comprenderlas y solo se logra si se cambia el soporte troncal, si se está dispuesto a romper con una tradición milenaria. No se entienden si se cree en Dios en vez de creer en el caos. Los artistas de nuestra época se vuelven contra sí mismos y contra el arte. También el soporte último, el más firme, se convierte en un problema. ¿Cómo pueden ser aún útiles o conciliadores o contemplativos o complacientes? Se desprenden de un mundo físico en el que solo perciben azar, desorden, disarmonía. Prescinden voluntariamente de plasmar las obras de la naturaleza, que son para ellos las más deformes de todas las deformidades. Buscan lo esencial, lo espiritual, lo que aún no ha sido profanado, el trasfondo del mundo físico para –su nuevo tema– ponderarlo, ordenarlo y armonizarlo mediante formas, superficies y pesos claros e inequívocos. Se convierten en creadores de nuevos seres de la naturaleza sin semejanzas en el mundo conocido. Crean imágenes que no imitan a la naturaleza, sino que la complementan con nuevas manifestaciones y enigmas hasta ahora ignotos. He aquí el triunfante júbilo de estos artistas: crear existencias que se pueden llamar imágenes pero que, junto a una rosa, a una persona, a un crepúsculo, a un cristal, tienen su propia razón de ser.

El secreto de los cubistas radica en el empeño por romper la convención del lienzo; superponen al lienzo una o una serie de telas imaginarias que utilizan como base. Todo el secreto de Kandinsky reside en que, como primero y más radical de los cubistas, rechazó el arte figurativo por considerarlo impuro, y retornó a la forma verdadera, al sonido de las cosas, a su esencia, a su forma intrínseca. Nuestra época puede presumir de contar con Picasso, el fauno, y con Kandinsky, el monje, como principales representantes. En Picasso encuentra las tinieblas, el espanto y el tormento del tiempo, el ascetismo, la mueca diabólica, el hondo sufrimiento, el gemido y la queja, el infierno y la tristeza infinita, el rostro cadavérico y el dolor negro. En Kandinsky, el júbilo, el alboroto festivo, la tempestad celestial, la fuga arcangélica, las quijoterías abigarradas, las marsellesas azulgranas, el hundimiento dichoso, el despegue del vuelo de un querubín llamado al infinito por clarines azules y gualdos.

III. La personalidad

Kandinsky es liberación, consuelo, redención y sosiego. Habría que peregrinar a sus cuadros: ofrecen una salida al tumulto, a la desesperación, a los fracasos de estos tiempos. Nos liberan de un milenio que se está desmoronando. Kandinsky es uno de los grandes renovadores y depuradores de la vida. La vitalidad de su designio es asombrosa y tan inaudita como lo fue la de Rembrandt en su época, como lo fue la de Wagner una generación antes de la nuestra. Su vitalidad abarca tanto la música como la danza, el drama y la poesía. Su significado parte de una iniciativa al mismo tiempo práctica y teórica. Es el crítico de su obra y de su época. Es el poeta de versos inalcanzables, creador de un novedoso estilo teatral, autor de algunos de los libros más espirituales de los que puede congratularse la nueva literatura alemana. Solo el infortunio, el estallido de la guerra, ha impedido que dispongamos de un libro suyo sobre el teatro de igual formato y valía que *El jinete azul*. El mismo infortunio malogró la fundación de una asociación internacional para el arte en el momento en que se estaban recolectando medios para materializar sus composiciones escénicas. Si hubiera cristalizado el proyecto se habrían obtenido unos resultados capaces de revolucionar el teatro.

Kandinsky es ruso. Tiene un acusado sentido de la libertad y lo transfiere al arte. Lo que dice sobre la anarquía recuerda frases de Bakunin y Kropotkin. Con la diferencia de que, de manera sumamente espiritual, aplica el concepto de libertad a la estética. Sobre la cuestión formal escribe en *El jinete azul*: "Muchos califican de anárquico el estado actual de la pintura. La misma palabra se utiliza aquí y allá para describir el estado actual de la música. Por ello se entiende erróneamente trastorno y confusión. Pero la anarquía es un sistema y es un orden que no han sido implantados por un poder exterior y, en consecuencia, ineficaz, sino que surge a partir del "sentimiento de lo bueno". Este "sentimiento de lo bueno" o esta "necesidad interior" es el único y concluyente principio creador que reconoce Kandinsky. Es la "necesidad interior" la única que pone límites a la libre intuición, es la "necesidad interior" la que moldea la forma exterior y visible de la obra. Todo depende en última instancia de la necesidad interior; distribuye los colores, las formas, las proporciones, y es incluso responsable del más audaz de los experimentos. Es la única en responder a la cuestión sobre el sentido y el origen de las pinturas. En ella se registran los tres elementos de que consta una obra de arte: tiempo, personalidad y principio artístico. Produce el sonido principal del que despegan los secundarios. Es la última puerta que el artista ya no es capaz de derrumbar en su embestida. E incluso de ella, de la forma de sus obras, dice Kandinsky: "El espíritu crea una forma y pasa a crear otras"; y en otra ocasión: "Lo importante no es el nuevo valor sino el espíritu que se ha revelado en esa forma. Y luego viene la libertad necesaria para las revelaciones". Es así como para él toda obra se convierte en "hija de su tiempo y madre del futuro". Al indagar en el sonido, en la esencia de un objeto hasta lo más íntimo lo dota al mismo tiempo de un mayor campo de acción.

Kandinsky plasma su nación no solo en la forma sino también en el color. En ningún otro autor está tan presente la abigarrada Rusia. Las vastas llanuras nevadas en las que se refleja el amanecer o el crepúsculo, el tono frambuesa de las campanillas de las troicas, las vidrieras multicolor de las dachas, el colorido de las fiestas campesinas, las azules túnicas de las vírgenes, la glacial claridad y luminosidad acompañada de los colores difuminados de la aurora boreal, el verde, el blanco y el bermellón fuertes; si uno es capaz de imaginar los cuadros de Kandinsky en formato reducido, en folios en octavo, encontrará el color y la intensidad de los iconos pintados en vidrio. Y una vez que ha encontrado Rusia en sus cuadros, encontrará formas de pozos, composiciones que recuerdan a aguadores con los hombros cargados (como en el "Cuadro con mancha roja"). Encontrará jinetes de la estepa, trápalas, letanía y fiestas de Pascua, con reminiscencias que ni siquiera el arte más espiritual es capaz de borrar del todo. Encontrará la Rusia de conmovedora sencillez, de cristiana pureza, la Rusia intacta, silenciosa e impregnada de esa atmósfera de fábula que relumbra imponente en el cielo como un despertar matutino. Encontrará en Kandinsky un heraldo de la libertad de

16

ese gran pueblo que linda con Japón y Groenlandia. Siempre he sentido cariño especial por el cuadro número 41, en el que se materializan y se fusionan de la manera más delicada el roce, el despertar y la pureza de luces polares de Groenlandia y refinadas formas japonesas. A los europeos occidentales la unidad ininterrumpida de colores y la magnitud de la intuición nos parece puramente romántica. Pero, ¿no ha sido Rusia siempre romántica con respecto a Occidente? ¿No ha sido Dostoyevski el último gran romántico? ¿No es el cristianismo ruso el último baluarte del Romanticismo en la Europa de hoy? Este es precisamente su valor cultural.

IV. El pintor

Kandinsky se ha pronunciado sobre la esencia de su arte en tres obras teóricas: de manera genérica y en sentido cultural en la revista *El Jinete Azul*, editada junto con Franz Marc; sobre aspectos formales especialmente en *De lo espiritual en el arte*; sobre la cuestión pictórica en su autobiografía, incluida en el *Álbum Kandinsky* editado por la editorial Sturm.

En *El Jinete azul* y en *De lo espiritual en el arte* Kandinsky ha deslindado claramente su concepción formal tanto del expresionismo como del cubismo y del futurismo. El expresionismo y el futurismo son para él estilos que solo aspiran a una transmutación ideal de la percepción sensorial. El resultado es *aquí* un deslucimiento del mundo visible (en vez de los paisajes, los cafés y los espacios interiores que trajo el impresionismo, aparecen ahora coches, aviones, bombillas etc.). *Allí*, un elemento fantástico un tanto rudo, que no desdeña el objeto y su materialidad, sino que la transforma subrayando así en ocasiones la propia materialidad. Kandinsky considera que también el cubismo es solo una forma transitoria: "El cubismo muestra cómo en muchas ocasiones las formas naturales han de someterse forzosamente a la función constructiva, y los innecesarios obstáculos que crean estas formas en casos así". El cubismo, que pregona un contrapunto de la forma y propugna un dogma de formas geométricas simples (triángulos, círculos, rombos etc.) aplicado al objeto, no es capaz según él de reflejar de manera lo suficientemente exhaustiva la riqueza sinfónica de la época, y adolece además de una autolimitación deliberada (la ascética picassiana).Kandinsky contrapone la "construcción geométrica" bien visible, que salta a menudo a la vista, a la construcción libre y "escondida" de Rembrandt, una construcción más expresiva y que ofrece muchas más opciones. Debido a su centralización y a su orden rígido, casi prusiano, no es raro que en París se califique al cubismo de "arte teutón", pero ha sido Kandinsky uno de los primeros en protestar contra la férrea organización del cubismo y contra su afán de reemplazar los valores estéticos por valores morales. Kandinsky también se ocupa de la relación numérica como uno de los principios constructivos. Pero si los números son la expresión terminal de las leyes del arte, ¿por qué tiene que ser el número 1 y no el 0,33333? Es decir, ¿por qué se elige la forma primitiva y no la más compleja? La belleza es un orden que no se puede calcular ni al primer intento ni después de cien. La belleza es un múltiplo del orden que ya no se puede omitir. El cubismo trabaja con la gramática, Kandinsky con la frágil necesidad interna. Su arte apunta al desenfreno y atrapa la época con todos sus enigmas, aristas y evasivas, con todos sus primeros planos y sus trasfondos, con todos sus sofismas y todos sus temas y contradicciones, ya sean veniales o de vital importancia. El cubismo procede con el compás y el cartabón, mide, pesa, corta, es duro y violento, juez implacable y testigo insobornable. Castiga y premia, tiene algo de la Inquisición española y de la mentalidad cuadriculada alemana. Oprime el detalle en vez de darle libertad. Prusifica y purifica el arte. Es feo por principio, y para Kandinsky el principio ha de ser bello. Y lo es.

Hay dos ámbitos en los que Kandinsky ve peligrar su propio arte: en la aplicación absolutamente abstracta y totalmente emancipada del color a la forma geométrica, al ornamento elaborado a partir de alegorías y jeroglíficos que ya no hablan por sí mismos; y en la sublimación de la forma, en dejar que se deslice hacia lo fabuloso, lo que priva al espectador de experimentar fuertes vibraciones anímicas, porque en el mundo de la fábula solo siente el juego de la ilusión y no percibe la seriedad. Entre estos dos polos, que el artista abstracto ha de tratar de eludir con toda la fuerza de su intelecto, su intuición, su vitalidad y su talento, se halla el tema de Kandinsky: "La lucha de las tonalidades, el equilibrio perdido, los ´principios´ cuestionados, los inesperados golpes de tambor, las grandes cuestiones, las aspiraciones sin rumbo aparente, el ansia y el anhelo aparentemente desgarrados, las cadenas y los lazos rotos que hacen de muchos uno solo, las divergencias y las contradicciones".

Kandinsky nombra tres diferentes niveles de expresión pictórica que se corresponden a su vez con tres diferentes e intensas formas de elaborar la naturaleza exterior: impresiones, en las que se plasma el efecto directo que causa la naturaleza exterior; improvisaciones, que expresan en la mayoría de los casos de forma inconsciente y espontánea el carácter interno de la naturaleza; y composiciones, sinfonías de experiencias internas de colores y formas que han sido compuestas lenta, casi meticulosamente, y después de múltiples bosquejos.

Ya vemos que prescindir de lo figurativo no es para él un dogma sino una cuestión de intensidad. Pero la fuerza de su genio radica en la inaudita mesura, en la sensibilidad para el peso y el equilibrio, y en el talento para la calibración. El equilibro y la balanza se convierten en su obra en la esencia del mundo. No se juzga, no se castiga ni se premia; se compensa. Lo malo convive con lo bueno, lo bueno con lo malo. Reinan el sosiego, la paz, la igualdad; igualdad, libertad y fraternidad entre las formas. Pero, ante todo, una libertad grandiosa. Toda forma que quiere abrirse paso encuentra su sitio, su lugar en el cosmos. No se suprime nada. Todo puede florecer, flotar, existir con júbilo, griterío y clarines.

En sus años académicos se tachaba con malicia a Kandinsky de "paisajista"; lo es, pero no en el sentido habitual. Pintaba paisajes, pero eran los paisajes del estado anímico de Europa en 1913, y más aún, de la Rusia que estaba saliendo del Absolutismo. Con colorido ardiente pintaba los paisajes de ese trasfondo intelectual y moral en el firmamento de una nueva época.

Kandinsky ha meditado mucho sobre una teoría de la armonía cromática, sobre la moral y la sociología de los colores. En su obra *De lo espiritual en el arte* nos anuncia los resultados de forma teórica y con ayuda de tablas. Basándose en Delacroix, van Gogh y Leonid Sabanejev –el crítico musical de Alexander Skriabin que trató de establecer una escala de colores-, nos presenta aquí una interesante psicología de los colores. Kandinsky conoce la fuerza terapéutica, animal y motora de los colores, reúne elementos para formar un bajo continuo de la pintura, pero su última palabra no pretende ser un catecismo cromático, una doctrina armónica de referencia, sino tan solo un principio libre de la necesidad interior, que es la única capaz de liderar y seducir. "Los primeros colores que me impresionaron fueron el verde claro y jugoso, el blanco, el rojo carmín, el negro y el ocre". Cuando se sabe lo que significan para él estos colores: "El verde es en el campo de los colores lo que en el campo social la así llamada burguesía, un elemento satisfecho consigo mismo, inmóvil y limitado en todos los sentidos. Blanco: como el símbolo de un mundo en el que han desaparecido todos los colores en cuanto propiedades y sustancias materiales. Ese mundo está tan por encima de nosotros que no podemos percibir ninguno de sus sonidos. De allí nos llega un gran silencio que parece un muro frío, infranqueable, indestructible y que se extiende hacia el infinito. Rojo: el rojo claro, cálido despierta la sensación de fuerza, energía, ansia, ambición, alegría, triunfo; musicalmente recuerda al sonido de trompetas acompañadas de tubas…", sabemos entonces que Kandinsky, que piensa en colores, encontró ya en la infancia su mundo futuro, aunque no fuera consciente de su singularidad. ¿Se puede por tanto afirmar que sus figuras tienen un sentido psicológico? Apenas. Su psicología cromática tan solo prueba la agudeza y sensibilidad con que analiza los colores, es un mero intento de desentrañar los últimos secretos de esa "necesidad interior", de superar los límites de su arte, pero nunca una guía para la interpretación figurativa de sus cuadros.

Y al final de su autobiografía nos revela: "Mi madre es moscovita de nacimiento y reúne las cualidades que, para mí, encarna la ciudad: belleza exterior y llamativa, absolutamente seria y severa, sencillez de una raza delicada, energía inagotable, serenidad mayestática e imponente que surge curiosamente de un fuerte nerviosismo, y heroico dominio sobre sí mismo fruto de la conciliación de tradición y verdadero espíritu libre. Moscú. La duplicidad, la complejidad, la movilidad máxima, el choque y la confusión en una manifestación exterior que, en última instancia, acaba formando un rostro propio y unitario con las mismas características que en la vida interior. Considero a este Moscú, en su conjunto exterior

23

e interior, como el origen de mis aspiraciones artísticas". Kandinsky recuerda que lo que más le impresionó en su juventud fue una puesta de sol por encima de las cúpulas y las torres de Moscú. De sus años de estudiante en Rusia conserva dos experiencias artísticas abrumadoras: la representación de *Lohengrin* en el Gran Teatro de Moscú y la exposición de Rembrandt en el Museo del Hermitage de San Petersburgo. Sobre *Lohengrin* escribe lo siguiente: "Los violines, los tonos graves del contrabajo y, especialmente, los instrumentos de viento, encarnaban entonces para mí toda la fuerza de esa hora previa al anochecer. Veía todos mis colores con el alma, los tenía ahí, ante mis ojos, formando líneas salvajes, alocadas. No me atrevía a utilizar la expresión de que Wagner había pintado musicalmente ´mi hora´. Pero sí vi claramente que el arte era en general mucho más poderoso de lo que había imaginado, que, por otro lado, la pintura podría desarrollar las mismas fuerzas que la música. Y la imposibilidad de descubrir por mí mismo esas fuerzas, al menos de buscarlas, no hacía más que amargar mi resignación". Y sobre Rembrandt escribe: "Rembrandt me conmovió profundamente. La gran división del claroscuro, la mezcla de los tonos secundarios en superficies amplias, la fusión de esos tonos en esas superficies –que, a cualquier distancia, producían el efecto de un gigantesco acorde de dos notas que me recordaron en seguida las trompetas wagnerianas– me revelaron posibilidades absolutamente novedosas, las fuerzas sobrehumanas del color mismo y, muy especialmente, el aumento del vigor por efecto de las combinaciones, esto es, de los contrastes. Más adelante comprendí que esa división trae al lienzo como por arte de magia un elemento que es extraño y aparentemente no accesible a la pintura: el tiempo".

Con ayuda de Rembrandt y Wagner, Kandinsky caracterizó a la vez la forma interna, el tiempo y la dimensión de sus cuadros. Comparte con ellos el elemento cristiano evangélico, parsifálico y patético. Es más puro que ellos en lo espiritual, es más refinado en cuanto a los conjuntos, a los horizontes, a los instintos. Alaba al cristianismo primitivo por haber dejado participar en la lucha espiritual a los más débiles. Su composición escénica "El sonido amarillo" se acaba extinguiendo en una gran cruz erguida.

V. La composición escénica y las artes

Kandinsky ha escrito en *El Jinete Azul* una crítica de la "obra de arte total" wagneriana teniendo en mente la obra de arte monumental del futuro. Su crítica se dirige

25

hacia la enajenación de cada una de las artes que Wagner integraba en su obra de arte total, y que solo se utilizaban para intensificar la expresión, para subrayarla y reforzarla, negando así las leyes del arte que les son propias e inmanentes. La idea de Kandinsky en lo que respecta a una composición escénica monumental parte de premisas contrapuestas. Él pretende enfrentar las diversas artes, crear una composición sinfónica en la cual cada una de las artes reducidas a su mínima expresión, como forma elemental, aporte solo las notas necesarias a una construcción o composición escénica que haga valer por sí misma como material de representación independiente a cada una de las artes y, a partir de la mezcla de ese material depurado, crear una nueva obra de arte monumental del futuro. Kandinsky ha llevado a la práctica esta teoría en dos composiciones escénicas: en "El sonido amarillo" impreso en *El Jinete Azul*, y en la aún inédita "Cortina violeta". Aunque tal vez solo de forma esquemática. El regular talento que muestra aquí no revela nada acerca de la genialidad de su concepción, que exhibiría una potencia revolucionaria incluso en autores tan mesurados como Ibsen, Maeterlink o Andreiev, si de una vez por todas se les llevara al escenario con el debido amor.

Según Kandinsky, la escenografía debe constar de:

1. Tono musical y su movimiento.
2. Sonido corporal-espiritual y su movimiento, expresado por personas y objetos.
3. Tono cromático y su movimiento (una posibilidad escénica especial)

Después de lo que hemos ido viendo hasta ahora, queda claro a lo que se refiere Kandinsky en los puntos uno y tres. Por lo que respecta al sonido corporal-espiritual y a su movimiento expresado por personas y objetos, esto es, a la danza (en un sentido amplio) escribe lo siguiente: "Un movimiento muy simple del que se desconoce la finalidad ejerce ya por sí mismo un efecto significativo, misterioso, solemne. Sobre este principio se debe edificar, y se está edificando, la ´nueva danza´, el único medio de exprimir en el tiempo y en el espacio todo el profundo sentido del movimiento. Estamos ante la necesidad de crear una nueva danza, la danza del futuro. También aquí se ha de aplicar con éxito la ley del aprovechamiento del sentido profundo del movimiento como elemento primordial de la danza. De la misma manera que tanto la música como la pintura carecen de sonidos ´feos´ o ´disonancias´ externas, también en la danza se acabará sintiendo el valor interno de cada movimiento, y la belleza interior sustituirá a la exterior.

De los movimientos que no son bellos surgirán inmediatamente una violencia inusitada y una fuerza viva. A partir de ese momento comienza la "danza del futuro".

Kandinsky ha publicado en la editorial Piper una serie de poemas que llama "Sonidos". También en la poesía ha sido el primero en plasmar procesos puramente espirituales. Con los medios más simples crea en los "Sonidos" movimiento, crecimiento, color y sonido, así por ejemplo en "Fagot". Para negar la ilusión contrapone aquí elementos fantasiosos que se neutralizan y que están sacados de la lengua común. Ni siquiera los futuristas se han atrevido a llevar a cabo una depuración tan audaz del lenguaje. Y Kandinsky ha ido incluso más allá del último paso. En el "Sonido amarillo" ha inventado y aplicado la más abstracta de las expresiones auditivas, que solo consta de vocales y consonantes que armonizan entre sí.

Zúrich, 7 de abril de 1917

DE LA CUESTIÓN DE LA FORMA

En un momento determinado maduran las necesidades. Es decir, el espíritu creador (al que podemos llamar espíritu abstracto) es capaz de acceder al alma, más adelante a las almas, despertando un anhelo, un impulso interior.

Cuando se han cumplido las condiciones para que madure una forma precisa, el anhelo, el impulso interior, cobra la fuerza necesaria para crear en el espíritu humano un nuevo valor, que, de manera consciente o inconsciente, empieza a vivir dentro del ser humano.

Consciente o inconscientemente, desde ese mismo instante el ser humano trata de encontrar una forma material en ese nuevo valor que vive dentro de él de forma espiritual.

El valor espiritual está por tanto en busca de su materialización. La materia es aquí una despensa de la que el espíritu, tal como hace un cocinero, escoge *lo necesario* en cada caso.

Esto es lo positivo, lo creador. Esto es el bien. *El rayo blanco que fecunda.*

Este rayo blanco conduce a la evolución, a la ascensión. El espíritu creador se oculta así detrás de la materia, dentro de la materia.

El velo que envuelve al espíritu es a menudo tan denso que, en general, son muy pocos los que distinguen lo que hay detrás. Muchos son hasta incapaces de ver el espíritu en forma espiritual.

Precisamente hoy día son muchos los que ven el espíritu en la religión, pero no en el arte. Épocas enteras reniegan del espíritu, porque los ojos de los hombres no alcanzan en esos tiempos a ver el espíritu. Era así en el siglo XIX y, *grosso modo*, sigue siendo así en la actualidad.

Los hombres se obnubilan.

Una mano negra cubre sus ojos. La mano negra del que odia. El que odia trata por todos los medios de frenar la evolución, la ascensión.

Esto es lo negativo, lo destructor. Esto es el mal. *La mano negra que trae la muerte.*

La evolución, el movimiento hacia adelante y hacia arriba, solo es posible si el camino está despejado, es decir, cuando no hay obstáculos. Esta es la *condición exterior.*

La fuerza que mueve el espíritu humano hacia arriba y hacia adelante en el camino despejado es el espíritu abstracto. Naturalmente, este tiene que resonar con nitidez y ser escuchado. Se ha de poder efectuar la llamada. Esta es la *condición interior*.

Destruir estas dos condiciones es el medio del que se sirve la mano negra en su lucha contra la evolución.

Los instrumentos para ello son: el miedo al camino despejado, a la libertad (tosca ignorancia) y la sordera frente al espíritu (materialismo obtuso).

De ahí que cada nuevo valor sea recibido con hostilidad. Se le combate a base de burlas e injurias. Se tacha de risible y deshonesto al hombre que lo ha traído. Se ridiculiza y se denigra el nuevo valor.

Es la parte siniestra de la vida.

La parte alegre es el triunfo continuo e imparable del nuevo valor.

Es un triunfo que avanza lentamente. El nuevo valor conquista poco a poco a las personas. Y cuando a ojos de muchos se convierte en algo incontestable, se acaba construyendo a partir de este valor, hoy irremediablemente necesario, un muro que se alza frente al futuro.

La transformación del nuevo valor (el fruto de la libertad) en una forma pétrea (el muro contra la libertad) es obra de la mano negra.

Toda evolución, esto es, el desarrollo interno y la cultura externa, es por tanto un desplazamiento de barreras.

Las barreras destruyen la libertad e impiden con ello que se oiga la nueva revelación del espíritu.

Las barreras se construyen siempre a partir de los nuevos valores que han derribado las viejas barreras.

Se aprecia así que, en el fondo, lo más importante no es el nuevo valor sino el espíritu que se ha revelado en él. Y a ello se suma la libertad necesaria para estas revelaciones.

Se aprecia así que no hay que buscar lo absoluto en la forma (materialismo).

La forma es siempre temporal, esto es, relativa, ya que no es más que el medio hoy día necesario y por el cual se anuncia y resuena la revelación actual.

El sonido es por tanto el alma de la forma, que solo puede vivir mediante el sonido y que actúa de dentro afuera.

La forma es la expresión externa del contenido interno.

***

Es este el motivo por el que no se debería convertir la forma en una deidad. Y solo debería lucharse por ella en la medida en que sirve de medio de expresión del sonido

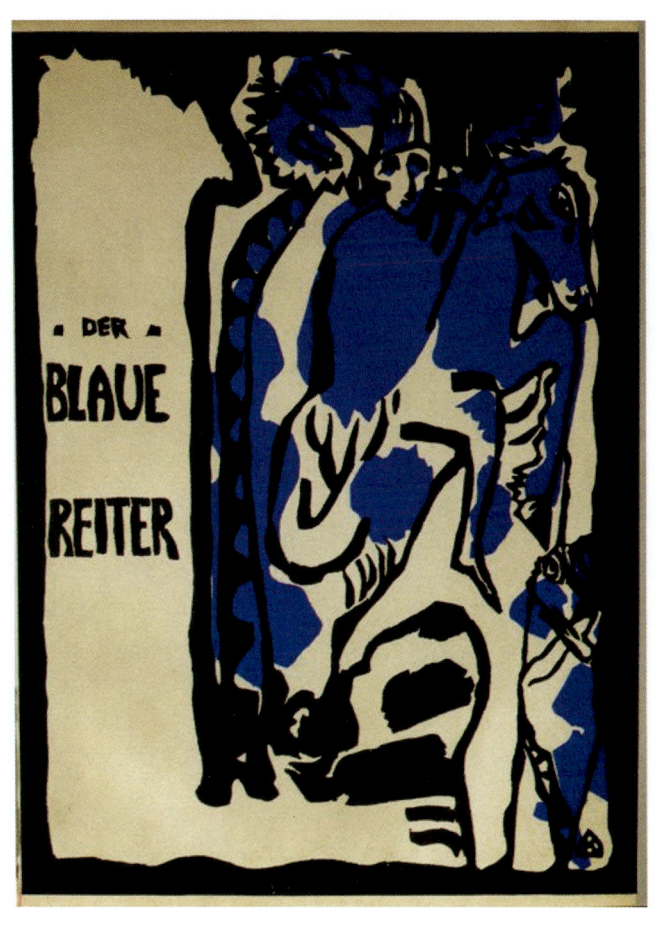

Wassily Kandinsky, *Portada* del almanaque
El jinete azul, Editorial Piper, Múnich, 1912

33

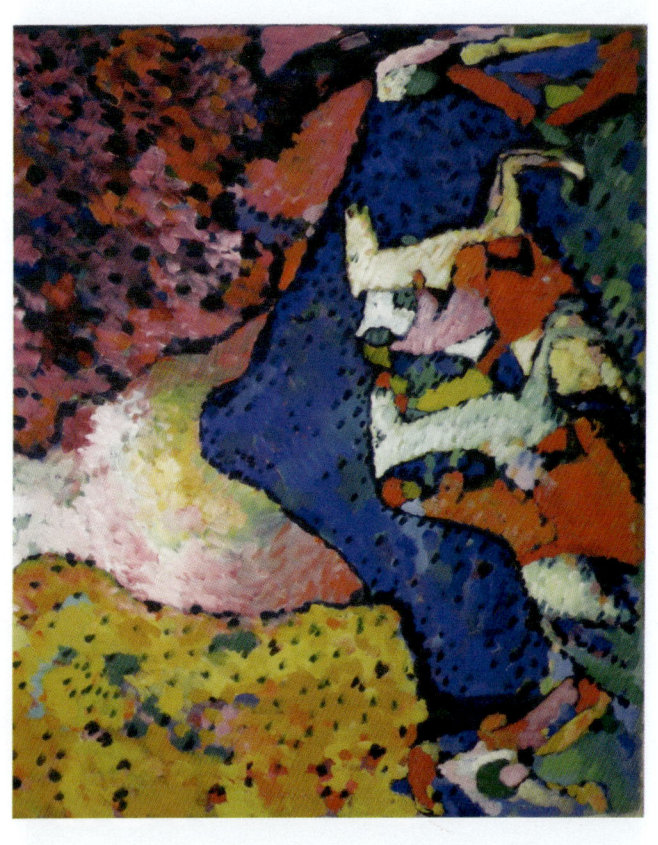

Wassily Kandinsky, *Montaña azul* (detalle), óleo, 1908
Guggenheim Museum, Nueva York

34

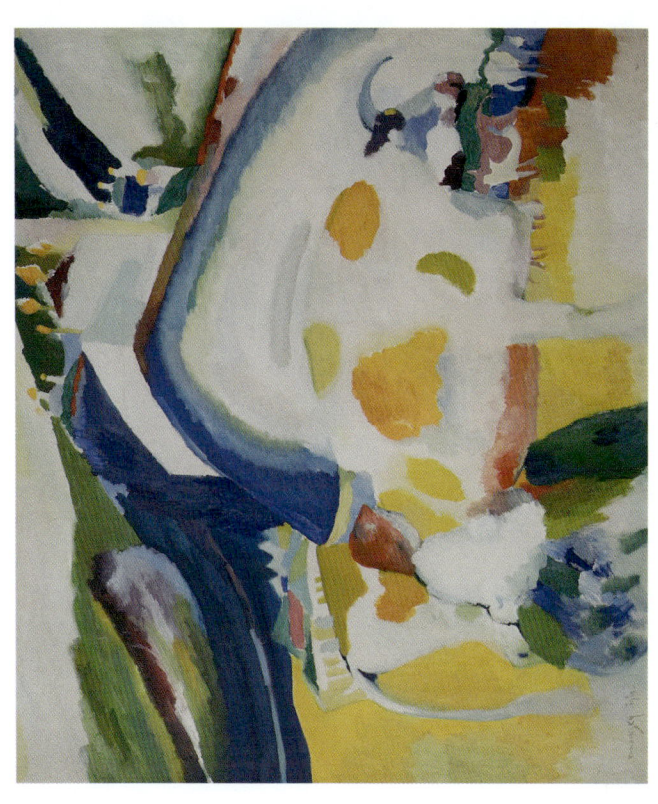

Wassily Kandinsky, *La vaca*, óleo, 1910
Lenbachhaus, Múnich

35

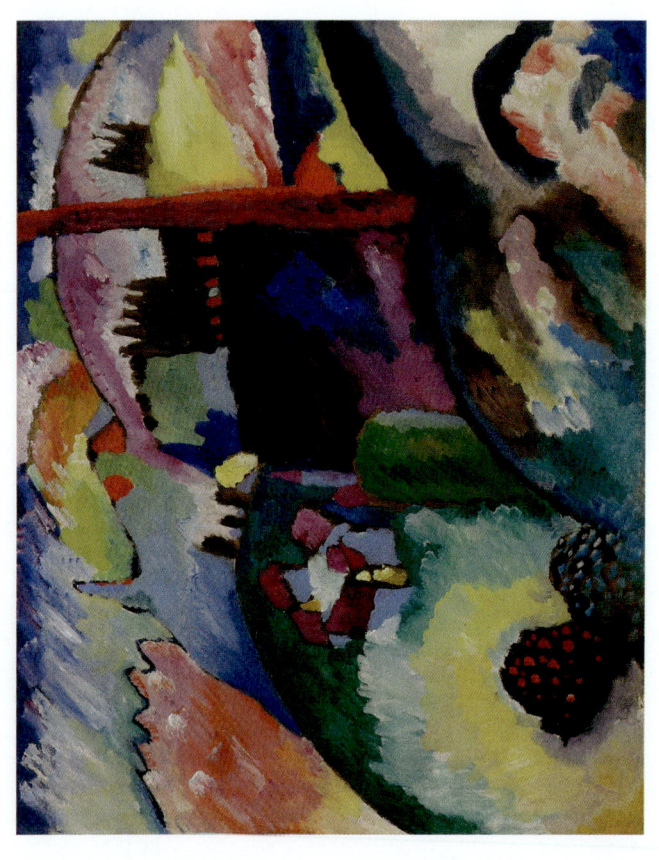

Wassily Kandinsky, *Paisaje con chimenea de fábrica*, óleo, 1910
Guggenheim Museum, Nueva York

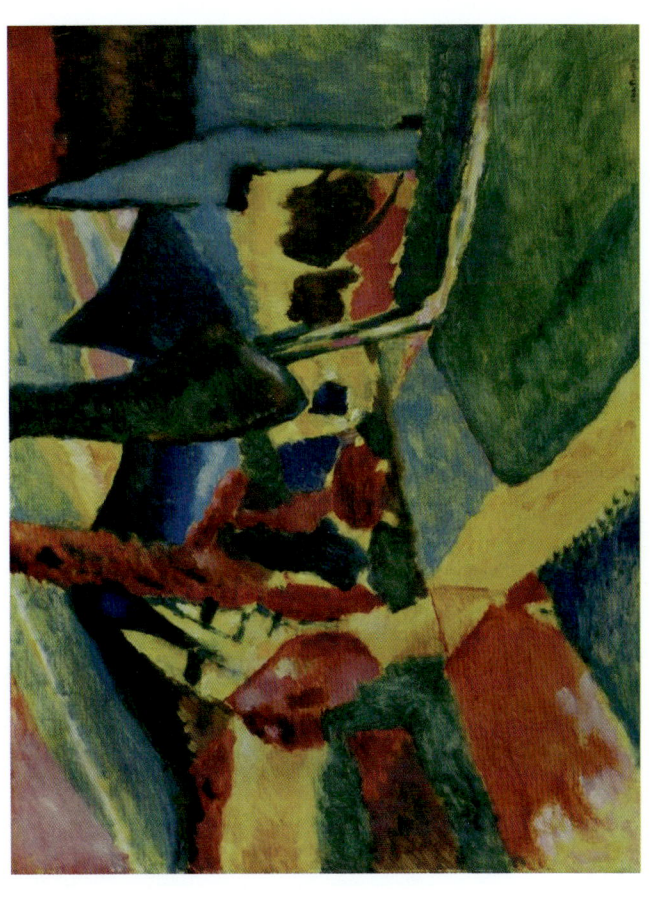

Wassily Kandinsky, *Paisaje con dos olmos*, óleo, 1912
Art Institute, Chicago

37

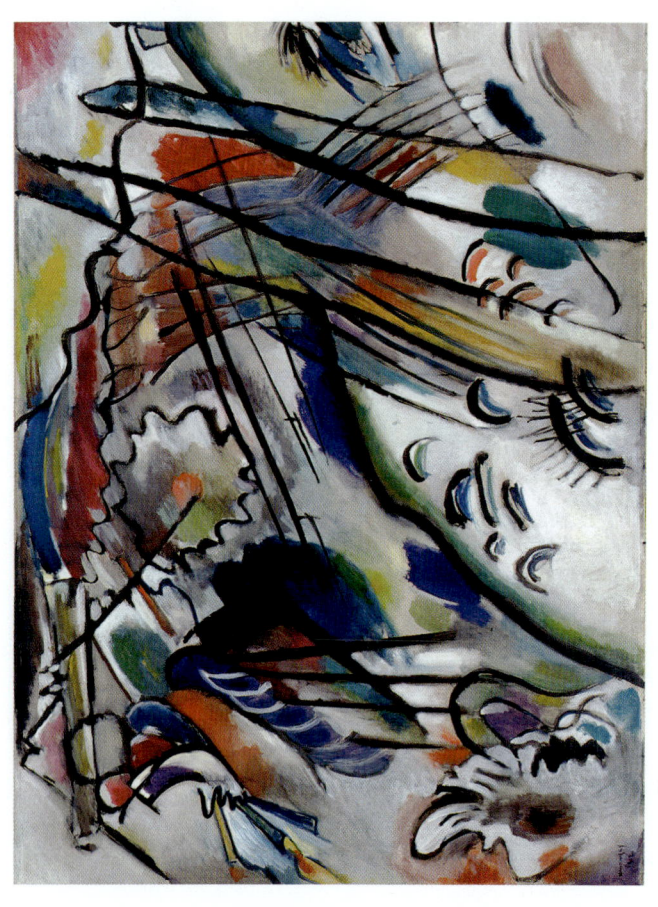

Wassily Kandinsky, *Improvisación 28*, óleo, 1912
Guggenheim Museum, Nueva York

38

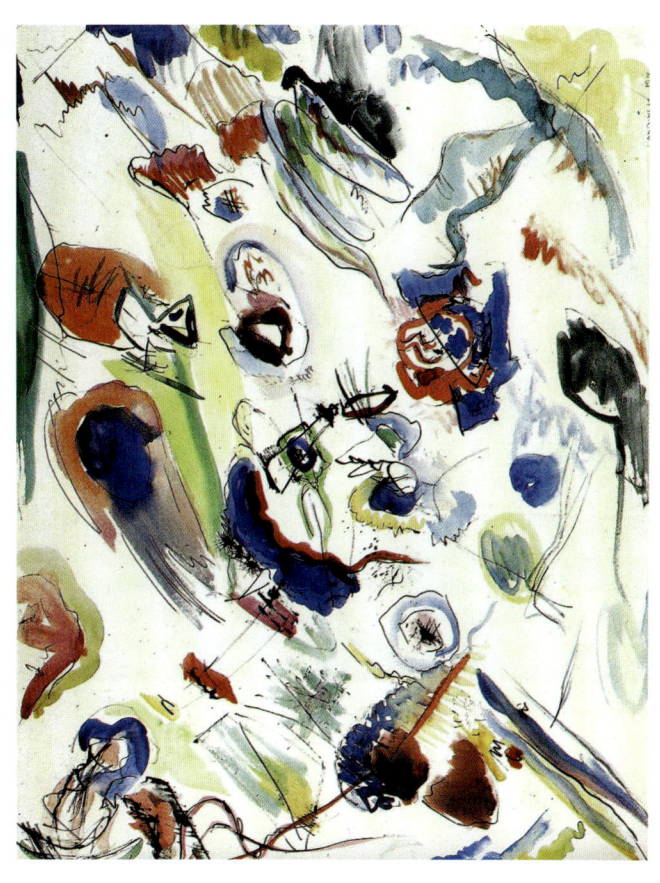

Wassily Kandinsky, *Sin título*, acuarela y tinta china, 1913
Centre Pompidou, París

39

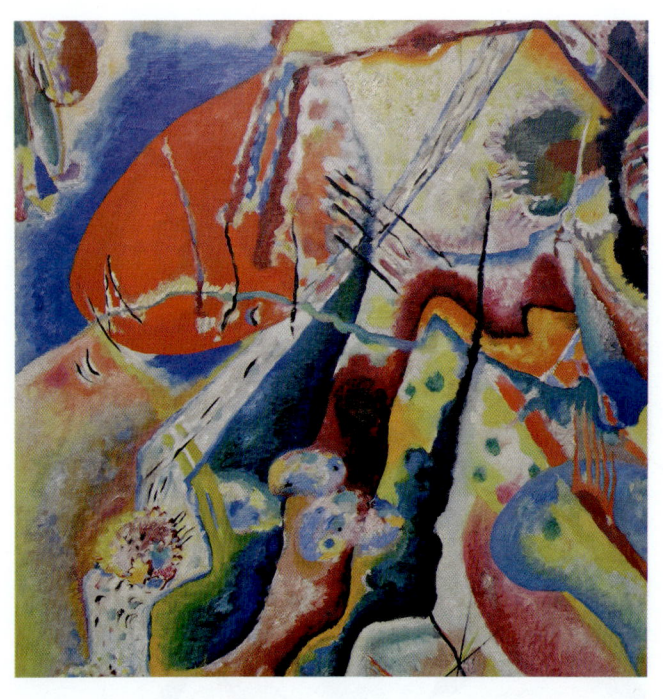

Wassily Kandinsky, *Cuadro con mancha roja*, óleo, 1914
Centre Pompidou, París

40

interno. De ahí que no habría que buscar un remedio en *una forma*.

Hay que entender bien esta afirmación. Para cualquier artista (esto es, un artista productivo y no un mero "imitador") lo mejor es su medio de expresión (= forma), porque es lo que mejor materializa lo que ha de comunicar. Pero muchas veces se extrae de ello la errónea conclusión que este medio de expresión también es, o debería ser, lo mejor para otros artistas.

Ya que la forma tan solo es expresión del contenido, y el contenido es distinto en cada uno de los artistas, resulta evidente que puede haber al mismo tiempo muchas formas distintas e igual de buenas.

Es la necesidad la que crea la forma. Los peces que viven en grandes profundidades carecen de ojos. El elefante tiene trompa. El camaleón muda de color, etc., etc.

Así se refleja en la forma el espíritu de cada uno de los artistas. La forma lleva el sello de la personalidad.

Claro que no hay que considerar la personalidad como algo que se sitúa fuera del tiempo y del espacio. En cierta medida ella se somete al tiempo (la época) y al espacio (el pueblo).

Igual que cualquier artista tiene su forma de expresarse, así también la tiene el pueblo, y por tanto también el pueblo al que pertenece ese artista. Esta conexión se

41

refleja en la forma y se caracteriza en la obra como *rasgo nacional*.

Y, por último, cada época tiene una tarea específica que posibilita nuevas revelaciones. El reflejo de esa temporalidad es lo que se reconoce como estilo de la obra.

Estos tres elementos que caracterizan la obra son inevitables. Tratar de hacerlos presentes no solo es superfluo sino incluso perjudicial, ya que lo forzado no será más que una impostura, un fraude transitorio.

Y, por otro lado, resulta evidente por sí mismo, que es superfluo y perjudicial pretender destacar uno de los tres elementos. Así como ahora muchos se afanan por resaltar lo nacional, y otros el estilo, hace poco se veneraba el culto a la personalidad (lo individual).

Como hemos dicho al principio, el espíritu abstracto se apropia primero de un solo espíritu humano, más tarde domina a un número cada vez mayor de individuos. Es entonces cuando algunos artistas se someten al espíritu del tiempo, que les obliga a servirse de ciertas formas, emparentadas entre sí y que muestran por ello una semejanza exterior.

A este momento se le llama *movimiento*.

Es del todo legítimo y absolutamente indispensable para un grupo de artistas (igual que la forma individual es indispensable para un artista).

Y de la misma manera que no hay que buscar la salvación en la forma de un artista particular, tampoco hay que buscarla en esta forma colectiva. Para cada grupo su forma es la mejor, porque es la que mejor materializa lo que considera necesario transmitir. Pero de ello no se debería concluir que esta forma es o debería ser la mejor para todos. También aquí ha de existir plena libertad y deben aceptarse todas las formas; cada una de las formas que sea expresión externa del contenido interno debe ser considerada válida (= artística). En caso contrario, no se estará sirviendo al espíritu libre (el rayo blanco) sino a la barrera petrificada (la mano negra).

También aquí llegamos al mismo resultado de más arriba: no es la forma (materia) lo más importante sino el contenido (espíritu).

La forma puede resultar agradable o desagradable, puede parecer bonita, fea, armónica, disonante, muy lograda, desmañada, fina, tosca, etc., etc., y, sin embargo, no ha de aceptarse o rechazarse ni por las cualidades que se consideran positivas ni por las que se consideran negativas. Todos estos conceptos son absolutamente relativos, lo que queda claro ya a primera vista en la infinita serie de formas ya existentes.

Y también la forma misma es relativa. Es así como debe ser apreciada y concebida. Nos debemos enfrentar a una obra de tal manera que su forma actúe sobre nuestra alma. Y, a través de la forma, el contenido (espíritu, sonido interior). En caso contrario se experimenta lo relativo como si fuera lo absoluto.

Difícilmente encontraremos en la vida normal a una persona que, queriendo ir a Berlín, se baje del tren en Ratisbona. Pero en la vida espiritual bajarse en Ratisbona es algo bastante común. Sucede a veces que el maquinista no quiere seguir adelante y todos los viajeros se apean en Ratisbona. ¡Cuántos de los que buscaban a Dios se quedaron finalmente plantados ante una figura tallada! ¡Cuántos de los que buscaban el arte se quedaron ante una forma que un artista había utilizado para sus fines, ya fuera Giotto, Rafael, Durero o Van Gogh!

Y como conclusión final: no es lo más importante si la forma es personal, nacional, si tiene mucho estilo, si se adscribe o no a las principales corrientes de su tiempo, si está emparentada con otras muchas o pocas formas, si está absolutamente aislada o no, etc., etc. *Lo esencial en la cuestión de la forma es si ésta ha nacido o no ha nacido de la necesidad interior.*[1]

1. Es decir, no hay que hacer de la forma un uniforme. Las obras de arte no son soldados. Una misma forma puede ser en el mismo artista una vez la mejor y otra, la peor. En el primer caso ha brotado del suelo de la necesidad interior, en el segundo, del suelo de la necesidad exterior: de la ambición y de la codicia.

***

La existencia de las formas en el tiempo y en el espacio también se explica por la necesidad interior del tiempo y del espacio.

De ahí que, en última instancia, resulte posible desgajar y describir esquemáticamente los rasgos característicos de una época y de un pueblo.

Y cuanto más grande sea una época, esto es, cuanto mayores sean las ambiciones (cuantitativas y cualitativas) en lo que concierne a lo espiritual, tanto más numerosas serán, de un lado, las formas producidas, y del otro, lo que se explica por sí mismo, las corrientes artísticas de carácter general (movimientos grupales).

En el arte contemporáneo podemos observar estos rasgos propios de una gran época espiritual (que ha sido anunciada y que se encuentra en la primera fase). Son los siguientes:

1. una gran *libertad*, que a algunos les parece ilimitada y que

2. nos deja escuchar la voz del *espíritu* que

3. vemos revelarse en las cosas con *fuerza* especialmente intensa, la cual

4. va a utilizar progresivamente -ya lo hace- como instrumento todos los *ámbitos del espíritu*, con lo que

45

5. crea al mismo tiempo en cada uno de los ámbitos espirituales, esto es, también en el arte plástico (especialmente en la pintura), *medios de expresión* (formas) que engloban tanto a individuos aislados como a grupos y

6. que tiene a su disposición la despensa al completo, esto es, como elemento formal sirve *cualquier tipo de materia*, desde la más "dura" hasta la que sólo existe de manera bidimensional (abstracta).

Adenda al punto 1. En lo que se refiere a la libertad, esta se manifiesta en la aspiración a liberarse de aquellas formas que ya han alcanzado su meta -las viejas formas-, en la aspiración a crear formas nuevas e infinitamente diversas.

Adenda al punto 2. La involuntaria búsqueda de los límites más extremos de los medios de expresión actuales (medios de expresión de la personalidad, del pueblo, de la época) implica, por otra parte, que se reprima la libertad aparentemente sin freno y determinada por el espíritu del tiempo, y que se haga además necesario precisar la dirección en la que debe efectuarse esa búsqueda. El pequeño escarabajo que corre en todas direcciones dentro de un vaso de cristal cree tener ante sí una libertad ilimitada. Pero en un momento dado choca con el vidrio; puede seguir viendo pero no puede seguir avanzando. El movimiento del vaso hacia adelante le ofrece la posibilidad de recorrer más espacio. Y su propio movimiento está determinado por la mano que dirige la operación. Es así como nuestra época, que piensa que es absolutamente libre, topa con ciertos límites que se desplazarán "mañana".

Adenda al punto 3. Esa libertad aparentemente sin freno y la intervención del espíritu nacen del hecho de que empezamos a sentir en cada objeto el espíritu, la *resonancia interior*. Y, al mismo tiempo, esa incipiente capacidad produce un fruto más maduro de la libertad aparentemente sin freno y del espíritu interventor.

Adenda al punto 4. Aquí no podemos tratar de precisar en los otros *ámbitos del espíritu* los efectos señalados. Pero a cada uno ha de resultar claro por sí mismo que, tarde o temprano, la interacción entre la libertad y el espíritu se va reflejar en todas partes.[2]

Adenda al punto 5. En las artes plásticas (especialmente en la pintura) nos topamos hoy día con una notabilísima riqueza de formas, que o bien aparecen como formas creadas por grandes personalidades aisladas, o bien arrastran a grupos de artistas en una caudalosa corriente que fluye de manera extremadamente precisa.

---

2. Me he ocupado más en detalle de esta cuestión en *De lo espiritual en el arte*.

Pero la gran diversidad de esas formas no impide reconocer con facilidad una aspiración común. Y es precisamente en el movimiento de masas donde mejor se reconoce hoy el espíritu de las formas que abarca toda la época. De tal suerte que basta con decir: *todo está permitido*. Lo que hoy está permitido tiene aún límites que no pueden ser franqueados. Lo que está prohibido se mantiene impertérrito en su sitio.

Y no hay que imponerse límites porque ya han sido impuestos. Algo que vale tanto para el emisor (artista) como para el receptor (público). Este puede y debe seguir al artista, y no debería tener miedo de ser conducido por caminos erráticos. El ser humano no es capaz de moverse en línea recta físicamente (¡las sendas por campos y prados!), y mucho menos espiritualmente. Y precisamente en las rutas espirituales la más recta es a menudo la más larga, porque es la equivocada, y la que parece equivocada es muchas veces la mejor.

Tarde o temprano, el "sentimiento" expresado en voz alta guiará acertadamente tanto al artista como al espectador. Ceñirse receloso a *una* forma conduce irremediablemente a un callejón sin salida; el sentimiento libre, a la libertad. En el primer caso se sigue a la materia, en el segundo, al espíritu; el espíritu crea una forma y pasa a otras formas.

Adenda 6. El ojo que dirige su mirada a un punto (sea forma o contenido) no puede abarcar una gran extensión. El ojo que vaga distraído sobre la superficie abarca esa gran extensión o parte de ella, pero tan solo percibe la diversidad exterior y se pierde en contradicciones. La causa de estas contradicciones reside en la variedad de medios que el espíritu actual arranca arbitrariamente de la despensa de la materia. "Anarquía" es el nombre que dan muchos a la pintura actual. La misma palabra se usa aquí y allá para describir la música contemporánea. De manera errónea se entiende por ello desorden y trastorno incontrolados. Porque la anarquía implica método y orden, un método y un orden que no son producidos por un poder externo que acaba fracasando, sino por un *sentimiento de lo bueno*. También aquí, por tanto, se imponen límites, pero son unos límites que habría que calificar como *internos*, y que remplazan a los externos. Y también estos límites se expanden, de lo que resulta una libertad que va siempre en aumento y que va abriendo nuevas vías para otras revelaciones.

El arte contemporáneo que, en este sentido, calificamos correctamente de anarquista, no solo refleja el punto de vista espiritual ya conquistado, sino que da cuerpo, en cuanto a fuerza materializadora, al espíritu suficientemente maduro para revelarse.

Las dos formas que el espíritu ha sustraído de la despensa de la materia se pueden situar fácilmente entre dos polos:

1. La gran abstracción
2. El gran realismo

Estos dos polos abren *dos vías* que conducen finalmente a *una única meta*.

Entre estos dos polos se sitúan múltiples combinaciones de las más diversas concordancias entre lo real y lo abstracto.

Estos dos elementos han estado siempre presentes en el arte, si bien eran considerados como lo "puramente artístico" y lo "objetivo". Lo primero se expresaba en lo segundo, y este servía al primero. Era como un balanceo desigual que trataba aparentemente de alcanzar en el equilibrio absoluto el punto álgido de lo ideal.

Y se diría que ese ideal ya no es hoy una meta para nosotros, que ha desaparecido la palanca que sostiene los platos de la balanza, y que ambos platos tienen la intención de seguir existiendo como unidades autónomas y separadas entre sí. Y en esta ruptura de la balanza ideal se aprecia también "anarquismo". Parece que el arte ha dado término a la agradable complementariedad de lo abstracto y lo objetivo.

De un lado, se le priva a lo abstracto del apoyo lúdico de lo concreto, con lo que el observador se siente suspendido en el aire. Se dice: el arte pierde el suelo bajo los pies. Del otro, se le priva a lo concreto de la idealización lúdica de lo abstracto (el elemento "artístico") y el observador se siente pegado al suelo. Se dice: el arte pierde el ideal.

Estos reproches nacen de un sentimiento escasamente desarrollado. El hábito de prestar la atención principal a la forma y el aferrarse a la forma acostumbrada de equilibrio, distorsionan el sentimiento del espectador e impiden que experimente la obra de arte con libertad de espíritu.

***

El ya mencionado incipiente gran realismo aspira a eliminar del cuadro el elemento estético exterior y a dar forma al contenido de la obra mediante la simple reproducción ("no artística") del objeto en toda su simplicidad y crudeza. La envoltura externa del objeto, concebida de esta suerte y fijada en el cuadro, así como la supresión simultánea de la acostumbrada e importuna belleza liberan de la manera más fiable la resonancia interior del objeto. Cuando lo "artístico" se encuentra reducido al

51

mínimo, es precisamente gracias a esa envoltura que el alma del objeto resuena con más fuerza, ya que la seductora belleza exterior no puede actuar como distracción.[3]

Y esto solo es posible porque siempre llegamos más lejos cuando tratamos de entender el mundo tal como es, sin interpretaciones embellecedoras.

Lo "artístico" reducido al mínimo ha de ser reconocido como lo "abstracto" que causa mayor efecto.[4]

3. El espíritu ya ha absorbido el contenido de la belleza convencional y no encuentra en ella alimento nuevo. La forma de esa belleza proporciona al perezoso ojo humano los placeres a los que está acostumbrado. La impresión que ejerce la obra no traspasa el ámbito de lo corpóreo. Se imposibilita la experiencia espiritual. Es por ello que esta belleza genera una fuerza que no lleva al espíritu sino que nos desvía de él.

4. *La disminución cuantitativa de lo abstracto equivale por tanto a su aumento cualitativo.* Topamos aquí con una de las leyes fundamentales: la amplificación exterior de un medio de expresión conlleva en ciertos casos la reducción de su fuerza *interior*: 2 + 1 es aquí menos que 2 - 1. Esta ley se verifica naturalmente también en la más pequeña de las formas de expresión: una mancha de pintura pierde muchas veces intensidad y, por tanto también efecto, a causa de la amplificación exterior y del aumento exterior de la fuerza. Para efectuar un movimiento cromático especialmente logrado es muchas veces necesario trabar el mismo movimiento: una resonancia dolorosa puede obtenerse a partir de la dulzura del color etc., etc. Todo esto son manifestaciones de la ley del contraste y de sus consecuencias. En suma: *la forma verdadera es resultado de la combinación del sentimiento y de la ciencia.* ¡Traigo aquí de nuevo a colación un símil culinario! Un buen alimento para el

52

Este realismo contrasta con la gran abstracción, que trata de anular aparentemente del todo lo objetivo (lo real), y busca materializar el contenido de la obra en formas "inmateriales". Concebida de esta manera y fijada así en el cuadro, la vida abstracta de las formas concretas reducidas al mínimo, con el llamativo predominio de las unidades abstractas, revela de la manera más fiable la resonancia interior del cuadro. E igual que en el realismo se refuerza la resonancia interior eliminando lo abstracto, también en lo abstracto se refuerza la resonancia eliminando lo real. En el primer caso, era la habitual y seductora belleza exterior la que amortiguaba el efecto; en el segundo caso, este papel lo desempeña el habitual objeto exterior que sirve de apoyo.

Para "entender" este tipo de cuadros se precisa de la misma liberación que para los cuadros realistas, esto es, también aquí ha de ser posible captar todo el mundo tal como es, sin interpretaciones concretas. Pero aquí las formas abstraídas o abstractas (líneas, superficies, manchas, etc.) no importan en sí mismas, sino solo por su

cuerpo es resultado de la combinación de una buena receta (donde se indican las cantidades exactas) y del sentimiento del cocinero. Una de las características de nuestro tiempo es el progreso de la ciencia: la ciencia del arte ocupa poco a poco el lugar que le corresponde. Ella es el "bajo continuo" de lo que está por venir, ¡claro que le espera un camino lleno de vericuetos!

resonancia interior, por su vida. Igual que en el realismo no es importante el objeto en sí mismo, o su envoltorio exterior, sino su resonancia interior, su vida.

En el arte abstracto, lo "objetivo" reducido al mínimo ha de ser reconocido como lo "real" que causa mayor efecto.[5]

Vemos así, al fin y al cabo, que cuando en el gran realismo lo real aparece ostensiblemente grande y lo abstracto ostensiblemente pequeño, y en la gran abstracción la relación parece inversa, estos dos polos son en último término (= meta) iguales. Entre estas dos antípodas podemos establecer la fórmula de igualdad:

Realismo = Abstracción
Abstracción = Realismo

La mayor diferencia en lo exterior se convierte en la mayor equivalencia en lo interior.

***

Una serie de ejemplos nos van a llevar del ámbito de la reflexión al ámbito de las cosas tangibles. Si el lector observa alguna de las letras de estas líneas con ojos inéditos, esto es, no como un signo conocido que forma

5. Encontramos así, en el polo opuesto, la misma ley de antes, según la cual la *disminución cuantitativa equivale al aumento cualitativo.*

54

parte de una palabra sino, en primer lugar, como una cosa, entonces verá en esa letra, además de la forma abstracta creada por el hombre con finalidad práctica -la designación de un sonido determinado-, una forma corpórea que produce por sí misma una determinada impresión externa e interna, es decir, independiente de la forma abstracta. En este sentido, la letra se compone de:

1. la forma principal = aspecto global que, *grosso modo*, puede ser "divertido", "triste", "audaz", "lánguido", "terco", "arrogante" etc.
2. de líneas singulares, trazadas de tal o cual manera, que producen cada vez una determinada impresión interna, es decir, también "divertida", "triste", etc.

Si el lector toma conciencia de estos dos elementos de las letras, en seguida percibirá también el sentimiento que causa la letra como ser con vida interior.

Y no es cuestión aquí de objetar que esa letra causa un efecto en una persona y otro en otra. Esto es evidente pero secundario. Dicho de forma genérica, cada ser causa un efecto distinto en cada persona. Lo que constatamos es que la letra se compone de dos elementos que, finalmente, producen *una sola resonancia*. Las distintas líneas del segundo elemento pueden ser "divertidas", mientras que la impresión general (elemento 1) puede resultar "triste", etc. Los distintos movimientos del segundo elemento son partes orgánicas del primero. Las mismas estructuras y las mismas subordinaciones de los elementos de *un solo sonido* las podemos observar en cada canción, en cada pieza de piano, en cada sinfonía. Y los mismos procesos se dan en un dibujo, un bosquejo, un cuadro. Se manifiestan aquí las leyes de la construcción. Para nosotros lo único que importa de momento es que la letra produce un efecto y que, como hemos dicho, este efecto es doble:

1. actúa en cuanto signo con finalidad práctica
2. actúa primero como forma y luego como resonancia interior de esa forma, de manera autónoma y totalmente independiente.

Es importante recalcar que estos dos efectos no tienen relación entre sí, y que mientras el primer efecto es externo, el segundo tiene sentido interno.

La conclusión a la que llegamos es que el efecto exterior puede ser otro que el interior, provocado este último por la resonancia interior, lo que constituye uno de los medios de expresión más poderosos y profundos en cualquier composición.[6]

6. Aquí solo alcanzo a esbozar de manera sucinta estos grandes problemas. Si profundiza por sí mismo, el lector descubrirá la fuerza, el misterio y el atractivo que se esconde tras esta última conclusión.

***

Tomemos otro ejemplo. En el mismo libro vemos el signo ortográfico de guion. Este guion, cuando está bien emplazado –como hago ahora aquí mismo–, es una línea con un significado práctico-funcional. Si alargamos esta línea corta y la dejamos en el mismo lugar, mantiene su sentido y su significado, pero la extraña longitud le confiere una coloración indefinida que plantea al lector la cuestión de por qué la línea es tan larga, y de si esa longitud no tendrá un significado práctico y una finalidad. Si colocamos la misma línea en un lugar inadecuado (como -hago ahora), perderá su significado y su fin, la cuestión se llenará de ambigüedad. Uno pensará que es una errata, esto es, se ha desfigurado lo práctico-funcional. La cuestión adquiere un cariz negativo. Situemos ahora la línea en un folio en blanco, en este caso con trazo alargado y combado. Este caso es parecido al anterior, solo que pensamos (mientras subsista la esperanza de una explicación) que la línea tiene un significado práctico-funcional. Y, más adelante (si no encontramos explicación), adquiere un cariz negativo. Pero siempre que esta u otra línea aparezca en el libro, no podremos excluir definitivamente que tenga un significado práctico-funcional.

57

Traslademos ahora una línea semejante a un ámbito capaz de descartar totalmente lo práctico-funcional, por ejemplo, un lienzo. Mientras el observador (ya no es lector) considere la línea del lienzo como un medio para delimitar un objeto, sigue sometido a la impresión de lo práctico-funcional. Pero en el momento en que se dice que en el lienzo el objeto práctico es en la mayoría de los casos algo fortuito y no puramente pictórico, y que la línea tiene a veces un significado puramente pictórico,[7] en ese momento su alma es capaz de sentir la *resonancia puramente interna* de esa línea.

¿Se ha expulsado entonces al objeto, a la cosa, del cuadro?

No. La línea, lo hemos visto más arriba, es una cosa que muy bien puede tener un significado práctico-funcional, como una silla, una fuente, un cuchillo, un libro, etc. Y esa cosa se utiliza en el último ejemplo como un medio puramente pictórico -excluyendo los otros aspectos que pueden caracterizarla-, esto es, en su resonancia puramente interna.

Si, por tanto, en un cuadro la línea queda liberada de su finalidad de representar una cosa, y ella misma ejerce de cosa, su resonancia interior no se debilita por

7. Van Gogh se ha servido de la línea como tal con especial fuerza, sin querer con ello recalcar de alguna forma lo concreto.

58

roles secundarios y ella misma adquiere plena fuerza interior.

Llegamos así a la conclusión de que la abstracción pura se sirve también de las cosas que llevan una existencia material, tal como hace el realismo puro. La mayor negación de lo concreto y su mayor afirmación adquieren de nuevo el signo de igualdad. Y este signo se justifica una vez más porque en ambos casos se persigue el mismo fin: materializar la misma resonancia interior.

Vemos aquí que, en principio, *no importa nada si el artista recurre a una forma real o abstracta, ya que ambas formas son internamente iguales.* El artista es libre de decidir con qué medio puede materializar lo más claramente posible el contenido de su arte.

Dicho en términos abstractos: *en esencia, no existe la cuestión de la forma.*

***

En efecto: si hubiera una cuestión esencial de la forma, tendría que ser posible dar una respuesta. Y todo aquel que la conociera, sería capaz de crear obras de arte. Esto significa al mismo tiempo que el arte no existiría. Dicho en términos prácticos: la cuestión de la forma se transforma en la cuestión de qué forma he de aplicar en este

59

caso para conseguir expresar mi experiencia interna. Para este caso la respuesta es siempre científicamente precisa y absoluta, y, para otros casos, relativa. Es decir, la mejor forma para un caso puede ser la peor para otro: todo depende de la necesidad interior, que es la única que puede hacer que una forma sea correcta. Y solo entonces la forma puede tener un significado para otros, cuando la necesidad interior, sometida a la presión del tiempo y del espacio, escoge unas formas determinadas y relacionadas entre sí. Pero no cambia nada en lo que respecta al significado relativo de la forma, ya que la forma correcta en este caso puede ser incorrecta en otros muchos.

***

El conjunto de reglas ya descubiertas en el arte antiguo, así como las que fueron descubiertas más adelante y a las que los historiadores del arte conceden una importancia exagerada, no son reglas generales: no conducen al arte. Si conozco las reglas de un carpintero, siempre podré hacer una mesa. Pero el que conoce las supuestas reglas de un pintor, no podrá estar seguro de ser capaz de crear una obra de arte.

Estas supuestas reglas, que pronto constituirán el "bajo continuo" de la pintura, no son más que el conocimiento del efecto interno de los diferentes medios y su combinación. Pero nunca existirán reglas que permitan usar la forma necesaria o combinar los diferentes medios para lograr un efecto determinado en un caso concreto.

El resultado práctico: *nunca se debe creer a un teórico (historiador del arte, crítico, etc.) cuando afirma haber dado con un error objetivo en el cuadro.*

Lo único que el teórico puede afirmar con razón de ser es que hasta el momento no conocía tal o cual aplicación de un medio. Los teóricos que, partiendo del análisis de las formas ya existentes, censuran o alaban una obra son los intermediarios más dañinos y desorientadores, ya que construyen un muro entre la obra y el observador ingenuo.

Desde esta perspectiva (que, por desgracia, es la única posible en la mayoría de los casos), *la crítica de arte es el mayor enemigo del arte.*

El *crítico de arte ideal* no sería, por tanto, el crítico que trata de descubrir los "fallos",[8] "desvíos", "desconocimientos", "plagios", etc., sino aquel que se esfuerza por experimentar el efecto interior que ejerce tal o cual forma, y que es luego capaz de transmitir su experiencia total de manera plástica al público.

8. Por ejemplo, "fallos anatómicos", "errores de dibujo", etc., o bien, más adelante, infracciones del "bajo continuo".

Por descontado que en este caso el crítico necesitaría un alma de poeta, ya que el poeta ha de sentir objetivamente para manifestar subjetivamente su sentimiento. Es decir, el crítico necesitaría fuerza creativa. Pero, en la realidad, muchos críticos son artistas malogrados que han fracasado por escasez de fuerza creativa y se sienten por ello llamados a dirigir la fuerza creativa ajena.

La cuestión de la forma es también a menudo perjudicial para el arte porque personas sin talento (esto es, personas que carecen de *instinto* interior para el arte) se sirven de formas ajenas, crean obras falaces y siembran con ello confusión.

Aquí he de ser preciso. Para la crítica, para el público y a menudo también para los artistas, servirse de una forma ajena es un fraude, un crimen. Pero este es solo el caso cuando el "artista" utiliza estas formas ajenas sin necesidad interior y crea con ello un simulacro de obra, algo inanimado, muerto. Pero si el artista, para expresar sus emociones y experiencias, hace uso de esta o aquella forma "ajena" que corresponde a su verdad interior, está ejerciendo el derecho de servirse de cualquier forma que le resulte interiormente necesaria, ya sea un objeto de uso corriente, un cuerpo celeste o una forma que ya ha sido materializada estéticamente por otro artista.

La cuestión de la "imitación"[9] está lejos de tener la importancia que le atribuye la crítica.[10] Lo vivo permanece. Lo muerto se extingue.

En efecto: cuanto más al pasado dirijamos nuestra mirada tantos menos engaños y supercherías encontramos. Han desaparecido misteriosamente. Solo sobreviven las verdaderas creaciones artísticas, es decir, aquellas que en el cuerpo (forma) guardan un alma (contenido).

Si el lector contempla un objeto cualquiera que está sobre su mesa (aunque solo sea una colilla) experimentará de inmediato las dos sensaciones. Esté donde esté, y sea cuando sea (en la calle, en la iglesia, en el cielo, en el agua, en el establo o en el bosque), en todas partes experimentará al mismo tiempo las dos sensaciones, en todas partes la resonancia interior será independiente del sentido exterior.

El mundo suena. Es un cosmos de seres que actúan espiritualmente. La materia muerta es espíritu vivo.

9. Todo artista sabe lo fantasiosos que son los críticos en este ámbito. Y la crítica sabe que aquí se pueden formular las afirmaciones más peregrinas con absoluta impunidad. Así por ejemplo, hace poco se comparó *La negra* de Eugen Kahler, un buen estudio naturalista, con... Gauguin. Lo único que podría justificar la comparación es la piel oscura de la modelo (ver *Münchener Neueste Nachrichten* del 12 de octubre de 1911). Y podríamos continuar.
10. Y debido a la importancia exagerada que se concede a esta cuestión, el artista puede ser desacreditado impunemente.

***

Si sacamos las conclusiones pertinentes del efecto autónomo de la resonancia interior, veremos que esta gana en intensidad cuando se elimina el sentido exterior práctico-utilitario que la oprime. Esto explica la impresión profunda que causa el dibujo de un niño en el espectador imparcial y no prevenido. El niño es ajeno a lo práctico-utilitario, es un ser que todo lo mira con ojos ingenuos y posee la frescura necesaria para mirar las cosas tal cual. Lo práctico-utilitario se aprende más adelante, poco a poco y a menudo como consecuencia de experiencias penosas. En todo dibujo infantil, sin excepción, la resonancia interior se desvela por sí misma. Los adultos, especialmente los maestros, se esfuerzan por imponer a los niños lo práctico-utilitario, y critican sus dibujos precisamente desde esta profana actitud: "Tu personaje no puede andar porque solo tiene una pierna"; "uno no se puede sentar en tu silla porque está torcida", etc.[11] El niño se ríe de sí mismo. Debería llorar.

El niño dotado tiene, además de la facultad de eliminar lo exterior, el poder de revestir el interior restante con la

11. Como en tantas ocasiones: se enseña a quien debería enseñarnos. Y más tarde nos sorprende que del niño tan talentoso no haya salido nada.

forma en la que destaca con más fuerza y actúa (o como también se dice: "habla") con mayor intensidad.

Toda forma es versátil. En ella no cesamos de descubrir propiedades felizmente nuevas y distintas. Pero aquí solo quiero destacar un rasgo, importante en este momento para nosotros, que caracteriza a un dibujo infantil logrado: la composición. Aquí salta a la vista la puesta en escena inconsciente y espontánea de lo que decíamos más arriba a propósito de la letra, esto es, en primer lugar, el *aspecto global*, que a menudo es preciso y aquí y allá alcanza lo esquemático; y, en segundo lugar, las *formas particulares* que constituyen la gran forma, cada una de las cuales lleva una vida propia (es el caso, por ejemplo, de *Árabes*, de Lydia Wieber). Aquí se expresa la inmensa fuerza inconsciente que hay en el niño y que eleva las obras infantiles al nivel de las de los adultos (¡a menudo a un nivel muy superior!).[12]

Toda hoguera acaba en cenizas. Todo brote prematuro está amenazado por la helada. Todo joven talento, por la academia. No son palabras dramáticas, es un hecho dramático. La academia es el medio más seguro para dar el golpe de gracia al ya descrito genio infantil. Es incluso

12. También encontramos esta sorprendente propiedad de la composición en el "arte popular" (por ejemplo, en el exvoto de la peste de la iglesia de Murnau).

65

capaz de frenar en tal o cual medida un talento grande, muy grande. Las vocaciones menos acusadas acaban pereciendo a centenas. Una persona de talento mediano formada en una academia se caracteriza por haber aprendido lo práctico-utilitario y por haber perdido la capacidad de oír la resonancia interior. Entregará un dibujo "correcto" que está muerto.

Si una persona sin formación artística y libre de los conocimientos objetivos del arte pinta cualquier cosa, el resultado nunca será algo vacuo. Estamos aquí ante un ejemplo de cómo actúa la fuerza interior cuando sólo está influenciada por el conocimiento general de lo práctico-utilitario.

Pero como en este caso el conocimiento general sólo puede intervenir de forma limitada, también aquí se elimina lo exterior del objeto (algo menos que en el caso del niño, pero en gran medida) y gana fuerza la resonancia interior: no surge algo muerto sino algo vivo (véanse, por ejemplo, las cuatro cabezas que reproducimos aquí).

Jesucristo dijo: "Dejad que los niños se acerquen a mí, porque de ellos es el Reino de los Cielos".

El artista, que a lo largo de toda su vida semeja en muchas cosas a un niño, percibe a menudo de manera mucho más fácil que otros la resonancia interior de las cosas. Resulta muy interesante en esta cuestión observar

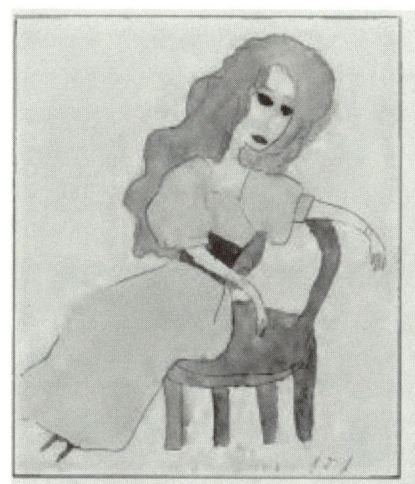
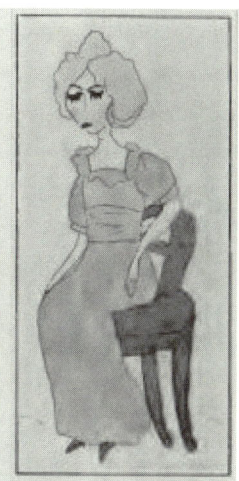
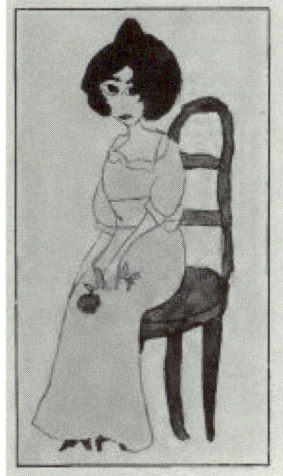
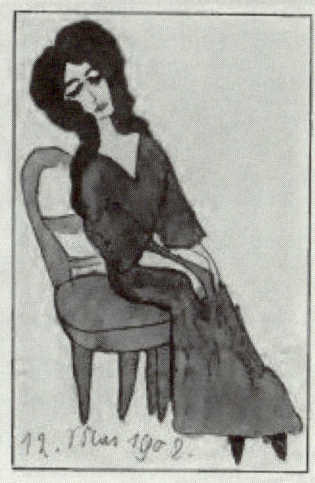

67

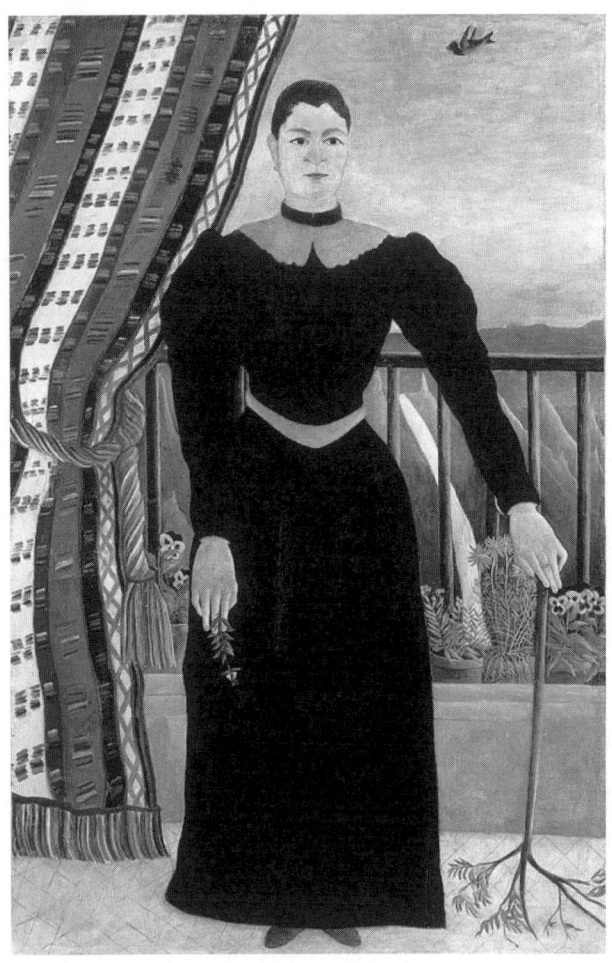

la manera tan sencilla y segura con la que el compositor Arnold Schönberg aplica a la música los medios de la pintura. A él sólo le interesa esa resonancia interior. Evita cualquier floritura y refinamiento y la forma más "pobre" se convierte en sus manos en la más rica (véase su auto-rretrato).

Aquí se hunde la raíz del nuevo gran realismo. Mostrando simple y exclusivamente la envoltura exterior se aísla el objeto de lo práctico-utilitario y se destaca la resonancia del interior. Henri Rousseau, al que podemos considerar el padre de este realismo, ha mostrado el camino con un gesto simple y convincente (véanse el [aquí reproducido]retrato y otros de sus cuadros).[13]

Henri Rousseau ha abierto la vía a nuevas posibilida-des de la sencillez. Este aspecto de su polifacético talen-to es, de momento, el más importante para nosotros.

***

Los objetos o el objeto (esto es, él mismo y las diferen-tes partes que lo conforman) tienen que estar conectados

13. El cuadro de Henri Rousseau que reproducimos aquí proceden del simpático y cálido libro de Wilhelm Uhde (*Henri Rousseau*, París, Eugène Figuière et. Cie. Editeurs, 1911). Aprovecho la oca-sión para agradecer cordialmente al señor Uhde por su deferencia).

de alguna manera. La conexión puede ser ostensiblemente armónica o inarmónica. Aquí se puede imponer un ritmo esquemático u oculto.

El incontenible afán de hoy día por manifestar lo puramente compositivo, por desvelar las leyes futuras de nuestra gran época, es la fuerza que apremia al artista a dirigirse hacia su meta por caminos diferentes.

Es natural que, en un caso así, el hombre preste su atención a lo que es más regular y al mismo tiempo más abstracto. Vemos también que, a lo largo de diferentes épocas artísticas, se ha utilizado el triángulo como base de la construcción. El triángulo era a menudo equilátero, y de esta manera adquirió también importancia el número, eso es, todo el elemento abstracto del triángulo. En la búsqueda actual de relaciones abstractas, el número desempeña un papel capital. Cualquier fórmula numérica es fría como una cima helada, y, en cuanto a máxima regularidad, firme como un bloque de mármol. Es fría y firme como toda necesidad. El así llamado cubismo nace del intento de reducir la composición a una fórmula. Esta construcción "matemática" es una forma que debe conducir a veces -y conduce, de hecho, si se aplica consecuentemente- a la destrucción completa de la conexión material de las partes del objeto (véase, por ejemplo, Picasso).

El camino que emprende este arte tiene como meta crear un cuadro que adquiera vida, que se convierta en un ser autónomo a partir de órganos propios construidos esquemáticamente. Si, de manera genérica, se puede reprochar algo a este tipo de arte no es otra cosa que la de hacer un uso demasiado restringido del número. Todo se puede reducir a una fórmula matemática o, simplemente, a un número. Pero hay múltiples números: 1 ó 0,3333..., todos igualmente legítimos, todos ellos son seres vivos con resonancia interior. ¿Por qué conformarse con el número 1? ¿Por qué descartar el 0,3333...? La cuestión que se plantea ahora es: ¿por qué hay que menospreciar la expresión artística por el hecho de servirse exclusivamente de triángulos y otras formas y figuras de estilo? Pero hay que insistir en que las aspiraciones compositivas de los "cubistas" están en relación directa con la necesidad de crear entidades puramente pictóricas que, de un lado, hablan del objeto y a través del objeto y, del otro, alcanzan la abstracción pura a través de las distintas combinaciones de sus resonancias.

Entre la composición puramente abstracta y la puramente realista hay espacio en un cuadro para la combinación de elementos abstractos y realistas. Las reproducciones de este libro muestran la amplitud y variedad de las posibilidades combinatorias, muestran también la fuerza con la que pulsa la vida en todos estos cuadros y, por consiguiente, la libertad con la que hay que abordar la cuestión de la forma.

Es en última instancia el artista quien, siguiendo su impulso interior, ha de elegir cómo combinar lo abstracto con lo concreto, quien ha de optar entre las infinitas formas abstractas y los materiales de los objetos, esto es, seleccionar los diferentes medios de los dos ámbitos. La hoy tan vilipendiada y desprestigiada forma, que parece hallarse al margen de las grandes corrientes, simplemente espera a su maestro. Esta forma no está muerta, tan solo se ha sumido en una especia de estado letárgico. En el momento en que el contenido, el espíritu que solo se puede manifestar a través de esa forma aparentemente muerta, alcance su madurez, cuando llegue la hora de su materialización, entrará en esa forma y hablará a través de ella.

Y especialmente el profano en la materia no debería acercarse a la obra con la pregunta: "¿Qué no ha hecho el artista?", o dicho de otra manera: "¿En qué se permite el artista descuidar *mis* deseos?". En vez de ello debería preguntarse: "¿Qué ha hecho el artista?", o bien: "¿Cuál de *sus* deseos personales ha expresado aquí el artista?". Creo además que llegará el día en que también la crítica se percatará de que su tarea no consiste en buscar lo negativo, lo erróneo, sino en buscar y transmitir lo positivo, lo correcto.Una de las "principales" preocupaciones de la crítica actual con respecto al arte abstracto es diferenciar lo correcto de lo falso, esto es, sobre todo: ¿Cómo podemos encontrar aquí lo negativo? La actitud ante una obra de arte debería ser otra que la actitud ante un caballo que se quiere comprar: un defecto importante tapa las virtudes del caballo y lo convierte en algo sin valor; en una obra de arte, la relación es inversa: una cualidad importante tapa todas las negativas y le concede valor.

Cuando se tenga en cuenta esta simple reflexión, caerán por su propio peso las grandes cuestiones formales; se relativizará el problema de la forma y, entre otras cosas, será el propio artista quien decida libremente y por sí mismo la forma más pertinente para él y para su obra.

***

Para poner fin a estas consideraciones -por desgracia muy fugaces- sobre la cuestión de la forma, me gustaría aportar algunos ejemplos de construcción que aparecen en el libro. Me veo obligado a destacar aquí tan solo un aspecto de las obras, y a prescindir del resto de variadísi-

73

mas propiedades que no solo caracterizan a la obra en concreto sino al alma misma del artista.

Los dos cuadros de Henri Matisse muestran cómo la composición "rítmica" (*La danza*) posee una vida interior distinta y suena por tanto de forma diferente a la composición en la que las partes del cuadro se yuxtaponen de manera aparentemente rítmica (*La música*). Este cotejo es la mejor prueba de que la solución hay que buscarla tanto en un esquema claro como en un ritmo claro.

La resonancia marcadamente abstracta de la forma corpórea no exige la destrucción del objeto. En el cuadro de Franz Marc (*El toro*) podemos comprobar que tampoco en este ámbito hay reglas generales. El objeto puede por tanto conservar en su totalidad la resonancia interna y externa, mientras que las distintas partes se convierten en formas abstractas que resuenan de forma autónoma y provocan así conjuntamente una resonancia abstracta.

El bodegón de Münter muestra que la traducción desigual, no lineal de los objetos en un mismo cuadro no solo es inofensiva sino que, si se aplica bien, crea una resonancia interior pujante y compleja. El acorde exteriormente disarmónico provoca en este caso el efecto armónico interior.

Los dos cuadros de Le Fauconnier son un ejemplo extraordinariamente instructivo: formas "análogas" de relieve logran mediante la distribución de las "masas" dos efectos interiores diametralmente opuestos. El cuadro *Abundancia* suena como una casi trágica sobrecarga de "masas". *Paisaje lacustre* evoca un poema claro y transparente.

***

Si el lector de este libro es capaz de liberarse temporalmente de sus deseos, pensamientos y emociones, y hojea luego las páginas, pasando de una imagen votiva a un cuadro de Delaunay, y más delante de Cézanne a un grabado popular ruso, de una máscara a Picasso, de una pintura en vidrio a Kubin, etc., etc., entonces su alma experimentará muchas vibraciones e ingresará en el reino del arte. No encontrará aquí defectos que le solivianten, ni faltas irritantes; en vez de sufrir una pérdida, logrará una ganancia espiritual. Y estas vibraciones y el beneficio que causan enriquecerán su alma de una forma que ningún medio, tan solo el arte, es capaz de alcanzar.

Más adelante, el lector podrá centrarse en consideraciones objetivas sobre el artista, en el análisis científico. Se dará cuenta de que todos los ejemplos aportados obedecen a una llamada interior (la composición) y que todos ellos reposan sobre una base interior (la construcción).

***

El contenido interno de la obra depende de uno de los dos procesos donde hoy día (¿sólo hoy día?, ¿o es que sólo hoy son visibles?) confluyen todos los movimientos. Son estos:

1. La desintegración de la vida material y sin alma del siglo XIX, esto es, el desplome de los únicos pilares de lo material que se consideraban sólidos, el desbaratamiento y la extinción de las distintas partes que los conforman.

2. La edificación de la vida espiritual e intelectual del siglo XX, en el que estamos sumidos y que ya ahora se manifiesta y encarna en formas pujantes y expresivas.

Estos dos procesos constituyen las dos caras del "movimiento actual".

Calificar lo ya logrado, o incluso determinar el objetivo final de este movimient,o sería sumamente presuntuoso y conllevaría, como castigo cruel, la pérdida de libertad.

Como ya he dicho repetidas veces, no debemos aspirar a la limitación, sino a la liberación. No debemos desechar nada sin esforzarnos intensamente por descubrir algo vivo. Es mejor tomar lo muerto por lo vivo que lo vivo por lo muerto. Aunque solo sea una vez. Y solo en un lugar que ha quedado libre puede volver a *crecer* algo. El hombre libre busca enriquecerse con todo lo que existe, dejar que actúe sobre él la vida de cualquier cosa, aunque solo sea una cerilla consumida.

Solo la libertad nos permite recibir *lo venidero*.

Y así no nos quedaremos al margen, como el árbol seco debajo del cual Jesucristo vio la espada presta a ser utilizada.

Texto publicado en el almanaque
Der blaue Reiter, páginas 74-102

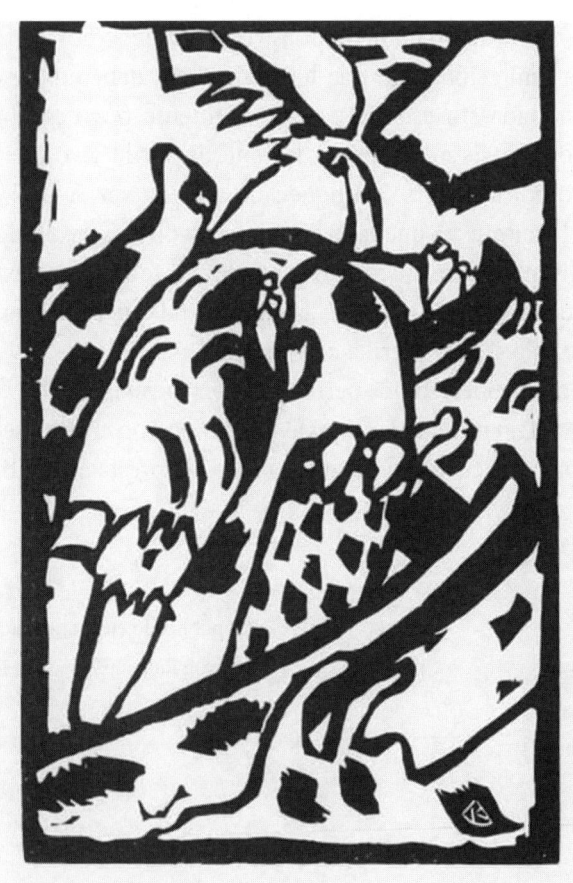

Wassily Kandinsky, *Improvisación 7*
xilografía, 1913

De la composición escénica

Todo arte tiene su propia lengua, es decir, sus propios medios.

Todo arte es algo cerrado en sí mismo. Todo arte es una vida propia, Un reino en sí.

De ahí que los medios de las diferentes artes sean, en lo exterior, totalmente distintos. ¡El sonido, el color, la palabra!...

En última instancia y atendiendo al interior, estos medios son idénticos: el objetivo final borra las diferencias exteriores y desvela la identidad interior.

A través de las finas vibraciones de estos medios, el alma humana logra alcanzar el objetivo *final* (conocimiento). Estas finas vibraciones, que persiguen el mismo objetivo final, tienen en sí mismas distintos movimientos internos, por lo que se diferencian entre ellas.

El objetivo de los distintos medios artísticos es el proceso anímico (vibración) indefinible y al mismo tiempo preciso.

Un determinado complejo de vibraciones; este es el objetivo de una obra.

El refinamiento del alma debido a la suma de determinados complejos: este es el objetivo del arte.

Por ello, el *arte* es imprescindible y funcional.

El medio con el que acierta el artista es una forma material de su vibración anímica, a la que está obligado a dar expresión.

Si el medio es adecuado, será capaz de producir en el receptor casi la misma vibración anímica.

Esto es inevitable. Sólo que esta última vibración es complicada. En primer lugar, puede ser fuerte o débil, algo que depende del grado de desarrollo del receptor y de las influencias del entorno (alma absorbida). En segundo lugar, esta vibración anímica activará también otras cuerdas del alma del receptor. Es el estímulo de la "fantasía" del receptor que continúa "trabajando" en la obra.[1] Las cuerdas del alma que vibran con más frecuencia harán sonar otras cuerdas con cada nuevo roce.

1. Hoy en día son sobre todo las funciones teatrales las que fomentan una "colaboración" que, naturalmente, el artista ha utilizado siempre. De ahí provenía también el afán de disponer de cierto espacio libre que debería marcar una distancia entre la obra y el último grado de expresión. Es el no-decirlo-todo que reivindicaban, por ejemplo, Lessing, Delacroix y otros. Es el campo libre para que trabaje la imaginación.

Y a veces con tanta intensidad que acallarán el sonido original: hay personas que lloran al oír música "alegre", y al revés. Es por ello que los diferentes efectos que causa una obra adquieren más o menos colorido según el receptor.

Pero en este último caso no se extingue el sonido original, sino que se mantiene vivo y, si bien de manera imperceptible, sigue ejerciendo su trabajo en el alma.[2]

No hay por tanto nadie inaccesible al arte. Toda obra y cada uno de los medios provocan en cada persona, sin excepción, una vibración que, en el fondo, es idéntica a la del artista.

***

La identidad interior -descubierta en última instancia-de cada uno de los medios utilizados por las diferentes artes ha sido el suelo en el que se trató de sostener el sonido particular de un arte por el idéntico sonido de otro arte, de fortalecerlo y alcanzar así un efecto especialmente pujante. Es un medio efectivo.

Pero la reproducción del medio de un arte (por ejemplo, la música) por el medio idéntico de otro arte (por

2. De esta forma, con el paso del tiempo, la obra es entendida "correctamente".

81

ejemplo, la pintura) no es más que un caso, una posibilidad. Si esta posibilidad se usa además como medio interno (por ejemplo en Aleksandr Skriabin), encontramos entonces en el ámbito de los contrastes y de la composición compleja lo opuesto a esta repetición y, más adelante, una serie de posibilidades que van de la acción conjunta a la acción contraria. Es un material inagotable.

***

El siglo XIX se caracterizó por ser una época alejada de la creación interior. La mirada se dirigía a los fenómenos materiales y a la parte material de los fenómenos, por lo que menguaba lógicamente la fuerza creativa en el ámbito de lo interior, hasta caer al grado más mínimo.

De esta limitación surgieron naturalmente otras limitaciones. También para el escenario.

1. Como en otros ámbitos, también aquí se hizo sentir de manera perentoria la elaboración minuciosa de cada uno de los elementos ya existentes (creadas anteriormente) y que, por pura comodidad, habían sido separados brusca y definitivamente. Se reflejaba aquí la especialización que surge siempre de inmediato cuando no se crean formas nuevas, y

2. el carácter positivo del espíritu del siglo solo podía conducir a una forma de combinación igualmente positiva. Debido a que se asumía que dos es más que uno, se trataba de intensificar todo efecto mediante la repetición. Pero en el efecto interno puede ser justo al contrario y, a menudo, uno es más que dos. En las matemáticas uno más uno es dos, en el mundo espiritual, uno menos uno puede ser dos.

Adenda 1:

La primera consecuencia del materialismo, esto es, la especialización y la consiguiente elaboración exterior de los diferentes elementos, es la formación y consolidación de tres grupos de obras escénicas aisladas las unas de las otras por muros muy altos:

a) Drama
b) Ópera
c) Ballet

a) El drama del siglo XIX es, en general, el relato más o menos refinado y profundo de un acontecimiento de carácter más o menos personal. Habitualmente se trata de la descripción de la vida exterior de una persona, de tal forma que la vida interior solo entra en juego en la medida en que tiene que ver con la vida exterior.[3] *Falta absolutamente el elemento cósmico.*

El acontecimiento exterior y la cohesión exterior son la forma del drama actual.

b) La ópera es un drama al que se le añade música como elemento primordial, con lo que se resienten vivamente el refinamiento y la hondura de la parte dramática. Ambos elementos están conectados externamente, esto es, o bien la música ilustra (o incluso refuerza) el suceso dramático, o bien se utiliza el suceso dramático para ayudar a explicar la música.

Este punto débil lo descubrió Richard Wagner, y trató de remediarlo recurriendo a diferentes medios. La idea básica era conectar orgánicamente las diversas partes y, de esta manera, crear una obra monumental.[4]

Mediante la repetición del mismo movimiento exterior en dos formas de sustancia, Wagner trató de obtener una intensificación de los medios y elevar así el efecto a nive-

3. Son pocas las excepciones. E incluso estas (por ejemplo Maeterlink, *Espectros* de Ibsen, *La vida de las personas* de Andreiev y otras más) se circunscriben a los acontecimientos exteriores.

4. Ha tenido que pasar más de medio siglo para que esta idea cruzara los Alpes, donde ha adquirido el rango de certificado oficial. El "manifiesto" musical de los "futuristas" reza: "Proclamar como una necesidad absoluta que el músico es el autor del poema dramático o trágico al que debe poner música" (Milán, mayo de 1911).

84

les monumentales. Su error en este caso fue pensar que disponía de un medio universal. En realidad, este medio es tan solo uno de una serie de posibilidades, muchas de ellas más imponentes, del arte monumental.

Pero más allá del hecho de que una repetición paralela es tan solo un medio, con el añadido de que esta repetición es tan solo exterior, Wagner la ha dotado de una nueva forma que tenía que conducir a otras. Antes de Wagner, por ejemplo, el movimiento tenía en la ópera un sentido puramente exterior y superficial (tal vez solo una degeneración). Era un apéndice naíf de la ópera: apretar la mano en el pecho, amor; alzar los brazos hacia el cielo, plegaria; extender los brazos, intensas emociones, etc. Estas formas infantiles (que seguimos viendo hoy día en todas las representaciones) tenían una relación exterior con el texto de la ópera, que, a su vez, estaba ilustrado por la música. Wagner ha establecido aquí una relación directa (artística) entre el movimiento y el compás musical: el movimiento se subordinó al compás.

Sin embargo, esta relación es sólo de naturaleza exterior. El sonido interior del movimiento queda fuera de juego.

De la misma manera artística, pero también solo exteriormente, Wagner subordinó la música al texto, esto es, al movimiento en sentido amplio. Representaba musicalmente el borboteo del hierro candente en el agua, el golpeo del martillo en la fragua y cosas semejantes.

Pero esta subordinación *cambiante* fue a su vez un enriquecimiento de los medios que acababa llevando a otras combinaciones.

Es decir, de un lado Wagner acentuaba el efecto de un medio y, del otro, menguaba el sentido interior, esto es, el significado interior puramente artístico del medio auxiliar.

Estas formas son tan solo reproducciones mecánicas (no son colaboraciones interiores) del desarrollo de la acción según el plan fijado. De naturaleza semejante es asimismo la otra relación de la música con el movimiento (en el sentido amplio de la palabra), esto es, la "característica" musical de cada uno de los roles. El insistente resurgir de una frase musical cada vez que aparece el héroe acaba perdiendo fuerza y ejerce sobre el oído el mismo efecto que la vieja etiqueta de una botella sobre el ojo. El sentimiento se rebela ante el empleo consecuente y sistemático de la misma y única forma.[5]

5. Esta programática impregna la obra de Wagner y no sólo se explica por el carácter del artista, sino también por el afán de encontrar una forma precisa para la nueva creación, claro que también hay que tener en cuenta que el espíritu del siglo XIX estampaba el sello del "positivismo".

86

En última instancia, Wagner se sirve de la palabra como medio para la narración o para expresar sus pensamientos. Pero no se creó el entorno apropiado para estos fines, debido a que, por norma general, la orquesta acababa haciendo inaudible la palabra. En muchos recitados no existe un medio satisfactorio para hacer sonar la palabra. Pero el intento de interrumpir la continuidad del canto supuso ya un duro golpe para los "unitarios". Con todo, la acción exterior se mantuvo intacta.

Obviando el hecho de que Wagner, pese a su tentativa de crear un texto (movimiento), se mantuvo absolutamente fiel a la vieja tradición de la exterioridad, también prescindió del tercer elemento que hoy día se sigue empleando de manera aún más primitiva: el color y la consiguiente forma pictórica (decoración).

El fenómeno externo, la relación externa de cada uno de sus elementos y de los dos medios (drama y música) dotan a la ópera de su forma actual.

c) El ballet es un drama con el mismo contendido y con las características ya descritas. Sólo que en él se pierde la seriedad del drama en aún mayor grado que en la ópera. En la ópera hay otros temas más allá del amor: las implicaciones religiosas, sociales y políticas son el suelo en el que crecen el entusiasmo, la desesperación, la honestidad, el odio y otros sentimientos análogos. El ballet se contenta con el amor en su forma más infantil y fantasiosa. Además de a la música, se recurre aquí a los movimientos individuales y grupales. Todo queda en una forma naíf de las relaciones exteriores. En la práctica incluso se puede incluir o desechar cualquier danza según el gusto de cada cual. El "conjunto" es tan problemático que este tipo de operaciones pasan totalmente desapercibidas.

El fenómeno externo, la relación externa de cada uno de sus elementos y de los tres medios (drama, música y danza) dotan al ballet de su forma actual.

Adenda 2:

La segunda consecuencia del materialismo, esto es, la adición $(1 + 1 = 2, 2 + 1 = 3)$ implicaba el uso de una solo forma de combinación (o de refuerzo), que exigía medios paralelos. Una emoción intensa, por ejemplo, se subrayaba musicalmente con un fortísimo. *Este principio matemático proporciona a las formas actuantes una base puramente exterior.*

Todas las *formas* mencionadas, que yo llamo formas sustanciales (drama = palabra, ópera = sonido, ballet = movimiento), así como las combinaciones de cada uno de los medios que yo llamo medios de acción, acaban

88

constituyendo una *unidad exterior. Porque todas estas formas han nacido del principio de la necesidad exterior.*

Resultado lógico de todo ello es la limitación, la unilateralidad (= empobrecimiento) de las formas y de los medios. Se vuelven progresivamente ortodoxos y la modificación más mínima parece revolucionaria.

***

Mantengámonos en el nivel de lo interior. El estado de las cosas es radicalmente diferente.

1. Desaparece súbitamente la apariencia exterior de cada elemento. Y su valor interior resuena en toda su plenitud.

2. Queda claro que, al poner en juego el sonido interior, el fenómeno exterior no es sólo secundario sino también pernicioso en cuanto elemento ofuscador.

3. El valor de la relación exterior aparece con su verdadera faz, esto es, como un valor inútil que limita y reduce el efecto interior.

4. Surge por sí mismo el sentimiento de necesidad de la *unidad interior*, que se apoya en la falta de unidad exterior y que incluso ha surgido de ella misma.

5. A cada elemento se le abre la posibilidad de mantener su propia vida exterior, que se opone, al menos en lo

exterior, a la vida exterior de los otros elementos.

Si de estos hallazgos abstractos extraemos algunos prácticos, veremos que es posible:

(ad. 1) tomar de un elemento sólo el sonido interior,

(ad. 2) suprimir el fenómeno exterior (= la acción),

(ad. 3) con lo que se cae por sí misma la relación exterior, al igual que

(ad. 4) la unidad exterior, y por consiguiente

(ad. 5) la unidad interior permite disponer de una innumerable cantidad de medios que   antes   no existían.

La necesidad interior se convierte aquí en la única fuente.

***

La breve composición escénica que viene a continuación es un intento de hacer brotar esta fuente.

Hay tres elementos que sirven de medios exteriores a los *valores interiores*.

1. El tono musical y su movimiento.

2. El sonido corporal-anímico y su movimiento expresado por personas y objetos.

3. El tono cromático y su movimiento (una opción escénica especial).

El drama se compone así a partir del conjunto de experiencias interiores (vibraciones anímicas) del espectador.

(Ad. 1) Se ha extraído de la ópera el elemento primordial -la música como fuente de los sonidos interiores-, que en ningún caso estará subordinado al fenómeno exterior.

(Ad. 2) Se ha extraído del ballet la danza, en cuanto a movimiento abstracto con sonido interior.

(Ad. 3) El tono cromático adquiere significado autónomo y es tratado como un medio de igual jerarquía.

Estos tres elementos desempeñan el mismo papel y tienen el mismo rango, se mantienen independientes en lo exterior y reciben el mismo trato, esto es, se subordinan al objetivo interior.

Puede suceder, por ejemplo, que se elimine totalmente la música o que pase a un segundo plano, cuando el efecto, por ejemplo, del movimiento, resulta lo suficientemente expresivo y podría verse reducido si va acompañado por una música demasiado fuerte. El aumento del movimiento en la música puede corresponderse con una reducción del movimiento en la danza, con lo que ambos movimientos (positivo y negativo) obtienen un valor interior más alto, etc. Se dan así una serie de combinaciones que fluctúan entre ambos polos: acción conjunta y acción contraria. Desde el punto de vista gráfico, los tres elementos pueden recorrer caminos totalmente propios e independientes en lo exterior.

La palabra, ya sea en sí misma o formando frases, ha sido utilizada para crear una cierta "atmósfera" que libere el alma y la haga receptiva. El sonido de la voz humana también fue utilizado en su estado puro, esto es, sin ser oscurecido por la palabra, por el sentido de la palabra.

Über Bühnenkomposition
Texto publicado en el almanaque
Der Blaue Reiter, páginas 103-113
Traducción de Francisco Uzcanga Meinecke

EL SONIDO AMARILLO
UNA COMPOSICIÓN ESCÉNICA

INTÉRPRETES

Cinco gigantes
Seres indefinidos
Tenor (*detrás del escenario*)
Un niño
Un hombre
Gente con vestidos sueltos
Gente en jerseys
Coro (*detrás del escenario*)

INTRODUCCIÓN

Unos acordes indefinidos de la orquesta.
Telón.
Sobre el escenario una penumbra azul oscura, que primero será blancuzca y después intensamente azul oscura. Al cabo de un tiempo se enciende en el centro una pequeña luz, que va haciéndose más luminosa a medida que el color se oscurece.

Instantes después, música de orquesta. Pausa.

Detrás del escenario se escucha un coro que habrá sido colocado de tal modo que no se pueda discernir de donde sale el canto. Fundamentalmente se oirán los bajos. El canto es monótono, sin temperamento, con interrupciones que están señaladas por puntos.

Primera voz grave:
"Sueños duros como piedras... Y rocas que hablan...
témpanos con enigmas colmados de preguntas...
El movimiento del cielo... se funden... las piedras...
alzándose hacia el cielo, invisible... muralla..."

Voces altas:
"Lágrimas y risas... blasfemando oraciones...
Alegría por la unión y batallas feroces."

Todos:
"Oscura luz en... día... soleado
(cortando rápida y abruptamente).
¡¡Sombra deslumbrante y luminosa en noche cerrada!!"

Desaparece la luz. De repente todo se oscurece. Pausa algo más larga. Luego introducción de la orquesta.

94

Cuadro I

(A derecha e izquierda del espectador)

El escenario deberá ser aquí lo más profundo posible. Al fondo de él una extensa colina verde. Detrás de esta una cortina lisa, mate, azul, a ser posible de tono oscuro.

Pronto comienza la música, primero en tonos altos. Después, pasando inmediata y rápidamente a los más graves. Al mismo tiempo el fondo se vuelve azul oscuro (al mismo tiempo que la música) y aparecen bordes negros (como en el cuadro). Detrás del escenario se escucha un coro sin palabras, que canta sin emoción, totalmente opaco y mecánico. Al final del canto del coro, una pausa general: ningún movimiento, ningún sonido. Después oscuridad.

Más tarde se ilumina la escena. De derecha a izquierda van apareciendo cinco gigantes (lo más grandes posible) de color amarillo chillón (parece que flotan sobre el suelo).

Se quedan quietos atrás del todo, uno junto al otro, algunos con los hombros levantados, otros con ellos caídos, con extrañas e indefinidas caras amarillas.

Van volviéndose las caras hacia sí *muy despacio*, realizando movimientos muy simples con los brazos.

La música se hace más concreta.

Pronto se puede oír el canto, muy grave, sin palabras de los gigantes (p. p.), mientras que se van acercando muy lentamente hacia la rampa. Rápidamente vuelan de izquierda a derecha unos seres rojos indefinidos, que recuerdan vagamente pájaros y tienen cabezas grandes de cierto parecido con las humanas. Este vuelo se refleja en la música.

Los gigantes siguen cantando, cada vez más bajo. Al mismo tiempo se van viendo cada vez menos claros. La colina del fondo crece lentamente y va haciéndose cada vez más luminosa. Finalmente será blanca. El cielo, totalmente negro.

Detrás de la escena se vuelve a escuchar el mismo coro opaco.

Ya no se oye a los gigantes.

La parte delantera del escenario se vuelve azul y cada vez menos transparente.

La orquesta lucha contra el coro y vence.

Una densa niebla hace invisible todo el escenario.

CUADRO II

Lentamente la niebla va cediendo terreno a la luz, que es totalmente blanca y deslumbrante. En el fondo del escenario, una colina lo más grande posible, completamente redonda.

El fondo violeta, bastante claro.

La música es estridente, tempestuosa, con repeticiones continuas de *la* y *si natural* y *si natural* y *la bemol*. Finalmente desaparecen en la tempestuosidad estos tonos aislados. De repente se hace un silencio total.

Pausa. Nuevamente gimen lamentos, pero firmemente y cortante el *la* y el *si natural*.

Esto dura bastante tiempo. Luego, una nueva pausa.

En ese momento el fondo pasa a ser de color marrón sucio. La colina verde sucio. Y justamente en el centro de la colina se forma una indefinible mancha negra, que unas veces aparece más clara y otras vuelve a difuminarse. Cada vez que cambia la claridad de la mancha, la luz brillante y blanca va haciéndose intermitentemente más gris. De repente aparece sobre la colina, a la izquierda, una *gran* flor amarilla. Desde lejos parece un pepino torcido y va volviéndose cada vez más brillante. El tallo es largo y delgado. Únicamente una hoja espinosa crece hacia un lado y desde el centro del tallo. Pausa larga.

Después, en *total silencio*, se mece la flor muy lentamente de derecha a izquierda. Aun después, también la hoja, pero no al mismo tiempo. Más tarde se mecen ambas a ritmos distintos. Luego, otra vez individualmente, mientras que con el mismo movimiento de la flor suena un *si natural* muy fino - cuando se mueve la hoja un *la* muy grave. Después vuelven a mecerse juntas y los dos tonos suenan unidos. La flor tiembla fuertemente y se queda inmóvil. En la música siguen sonando los dos tonos. Al mismo tiempo salen por la izquierda muchas personas vestidas con trajes chillones, largos y sin formas (uno es totalmente azul, el segundo rojo, el tercero verde, etc., faltando sólo el amarillo). Estas personas llevan en las manos unas flores muy grandes blancas parecidas a la flor de la colina. Las personas se mantienen lo más juntas posible, pasan muy cerca de la colina y se quedan paradas, muy apiñadas, en el lado derecho de la escena. Hablan entremezclando sus voces y recitan:

"Las flores lo cubren todo, cubren todo, cubren todo.
¡Cierra los ojos! ¡Cierra los ojos!
Miramos, miramos.
Cubrimos concepción con inocencia.
¡Abre los ojos! ¡Abre los ojos!
Ya ha pasado. Ya ha pasado."

Primero lo dicen todos juntos, como en éxtasis (muy claramente). Luego repiten lo mismo individualmente: el uno al otro y hacia la lejanía, voces de alto, bajo y soprano. Al decir "miramos, miramos" suena *si natural*, al decir "ha pasado, ha pasado", la. De vez en cuando se vuelve más ronca la voz. De vez en cuando hay uno que grita como poseído. Unas veces la voz se vuelve nasal, otras veces lenta y otras tremendamente rápida. En el primer caso, el escenario aparece repentinamente borroso bajo una luz roja mate. En el segundo alternan una total oscuridad con una brillante luz azul. En el tercero, de repente se vuelve todo grisáceo (¡desaparecen todos los colores!). ¡Sólo la flor amarilla brilla aun con más fuerza!

Lentamente comienza la orquesta, tapando las voces. La música empieza a ser inquietante, dando saltos desde el ff. al pp. La luz se hace algo más clara y se reconocen vagamente los colores de las personas. De derecha a izquierda pasan sobre la colina, muy lentamente, unas pequeñísimas figuras, borrosas y de tono verde grisáceo de algún color. Miran hacia adelante. En el momento en que se hace visible la primera figura, empieza a balancearse como por espasmos la flor amarilla. Después desaparece repentinamente. Igual de repentinamente se han vuelto amarillas todas las flores blancas.

Las personas caminan como en sueños hacia la parte frontal del escenario y van separándose cada vez más unas de otras.

La música desciende y se vuelve a oír el mismo recitativo (media frase dicha en conjunto: al final de la frase una voz muy borrosa. Esta se alterna varias veces). Pronto se quedan quietas las personas, como embelesadas, volviéndose. Se percatan de las pequeñas figuras que siguen pasando en una serie infinita sobre la colina. Las personas se dan la vuelta, efectuando algunos pasos rápidos hacia la parte delantera del escenario, vuelven a pararse otra vez, se dan la vuelta y se quedan inmóviles, como apresadas (estos movimientos deberán sucederse como dados por una voz de mando). Finalmente tiran las flores, que aparecen llenas de sangre y corren, liberándose de la inmovilidad violentamente, en un grupo muy unido, hasta el primer plano de la escena. Miran hacia atrás repetidas veces (estos movimientos no tienen que ser rítmicos). De repente se hace la oscuridad.

Cuadro III

Fondo del escenario: dos grandes rocas marrones-rojizas, una puntiaguda, la otra redondeada y mayor que la primera. Fondo: negro. Entre las rocas se encuentran los gigantes (del cuadro I), que se susurran algo sin sonido. Tan pronto cuchichean por parejas, como acercan todas sus cabezas, el cuerpo queda inmóvil. De todas partes caen, en cambios rápidos, rayos de colores brillantes (azul, rojo, violeta y verde, alternan en varias ocasiones). Luego se encuentran todos estos rayos en el centro, mezclándose. Todo queda inmóvil. Los gigantes casi no son visibles. De repente desaparecen todos los colores. Durante un instante todo está negro. A continuación fluye sobre la escena una luz mate amarilla que va siendo cada vez más intensa, hasta que todo el escenario aparece de color amarillo limón. Con la salida de la luz, la música se ha ido tornando más profunda y más oscura (este movimiento recuerda el intento de meter a un caracol dentro de su concha). Durante el tiempo que duran estos movimientos no se deberá ver sobre el escenario nada más que la luz: ningún objeto. Se ha llegado a la luz más brillante, la música se ha fundido totalmente. Vuelven a verse con claridad los gigantes, están inmóviles y miran hacia el frente. Ya no se ven las rocas. Solo los gigantes están sobre el escenario: ahora se encuentran más separados unos de otros y son más grandes. Fondo y suelo, negros. Pausa larga. Repentinamente se oye de detrás de la escena una voz de tenor chillona y llena de miedo que grita con mucha rapidez palabras totalmente ininteligibles (se oye a menudo *la*: por ejemplo, ¡Kalasi-munafakola!). Pausa. Se oscurece por unos instantes la escena.

CUADRO IV

A la izquierda del escenario, un pequeño edificio torcido (parecido a una capilla muy simple) sin puerta ni ventanas. A un lado del edificio (saliendo del tejado), una torrecita estrecha torcida, con una pequeña campana rajada. De la campana pende una cuerda. Al final de la cuerda está sentado en el suelo un niño pequeño, vestido con una camiseta blanca (mirando hacia los espectadores) y tirando lenta y regularmente de ella. A la derecha, sobre la misma horizontal, está parado un hombre muy gordo, todo vestido de negro. La cara totalmente blanca, muy borrosa. La capilla es de color rojo sucio. La torre, azul brillante. La campana, de hojalata. El fondo gris, regular, liso. El hombre de negro está de pie con las piernas abiertas y los brazos apoyados en las caderas.

El hombre (muy alto, imperativamente: voz bonita): "¡¡Silencio!! "

El niño suelta la cuerda. Se oscurece la escena.

CUADRO V

Poco a poco el escenario se sumerge en una fría luz roja, que lentamente va siendo más fuerte: con la misma lentitud se hace amarilla. Entonces se hacen visibles atrás los gigantes (como en el cuadro III). También están las mismas rocas.

Los gigantes vuelven a susurrar (como en el cuadro III). En el instante en que nuevamente han juntado las cabezas, se oye detrás del escenario el mismo grito, pero muy rápido y breve. Por unos instantes todo se oscurece: de nuevo se repite el mismo proceso (naturalmente, cada vez se repite también la música. Al volver la luz (luz blanca sin sombras) de nuevo los gigantes, pero ahora haciendo suaves movimientos con las manos (estos movimientos deben ser diferentes pero leves).

De vez en cuando uno alarga los brazos (también este movimiento deberá ser sólo insinuación), echando ligeramente la cabeza hacia un lado y mirando hacia los espectadores. En dos ocasiones dejan los gigantes caer los brazos repentinamente, se hacen algo más grandes y miran, sin hacer ningún movimiento, hacia los espectadores. Luego parece que sus cuerpos sufren una convulsión (como ocurrió con la flor amarilla) y vuelven a cuchichear, extendiendo de vez en cuando los brazos lastimosamente. La música se hace lentamente más chillona. Los gigantes se quedan inmóviles. Desde la izquierda aparece mucha gente vestida con jerseys de diferentes colores. El pelo lo llevan del color correspondiente al jersey. Igual las caras. (Estas personas parecen marionetas.) Primero salen las de color gris; luego, negras, blancas, y, finalmente, las de colores. Los movimientos son diferentes en cada grupo: uno camina rápidamente y en línea recta, el otro despacio, como con esfuerzo, el tercero da de vez en cuando unos graciosos saltos, el cuarto se vuelve continuamente, el quinto llega con pasos solemnes y teatrales, mientras llevan los brazos cruzados, el sexto camina de puntillas con una mano levantada horizontalmente, etc.

Se distribuyen irregularmente por el escenario: algunos se sientan en pequeños grupos cerrados; otros, solos. Igualmente hay algunos de pie, formando grupos, y otros solos otra vez. Toda esta distribución no pretende ser ni "bonita" ni muy concreta. Pero *tampoco* deberá formar un total barullo. Las personas miran en diferentes direcciones, algunas con las cabezas altas, otras bajas y otras totalmente caídas. Como aplastadas por un abatimiento, no cambian apenas sus posiciones. La luz permanece siempre blanca. La música cambia frecuentemente su *tempo* y, a veces, suena abatida también. Precisamente en un momento así empieza una persona blanca (bastante al fondo) a hacer unos movimientos indefinibles pero mucho más rápidos, tan pronto con los brazos como con las piernas. De vez en cuando mantiene un cierto movimiento y se queda algún tiempo en esa postura. Es una especie de danza, sólo que también cambia frecuentemente su ritmo, coincidiendo unas veces con la música y otras no. (Este sencillo proceso debe desarrollarse con especial cuidado, para que lo que sigue resulte expresivo y sorprendente.) Las demás personas comienzan a mirar al blanco. Algunas alargando el cuello. Finalmente, todas le están mirando. Sin embargo, esta danza finaliza repentinamente: el de blanco se sienta, estira como en solemne preparación un brazo y se lo acerca, doblando lentamente el codo, a la cabeza. La tensión generalizada se hace especialmente expresiva. Pero el de blanco apoya el codo sobre la rodilla y pone la cabeza sobre la mano abierta. Se oscurece por un momento. Luego se vuelven a ver los mismos grupos y las mismas posiciones. Algunos grupos se iluminan más o menos fuertemente desde arriba con diferentes colores: un grupo mayor, que está sentado, se ilumina con rojo, otro igualmente grande, que está de pie, azul pálido, etc. La luz amarilla brillante está concentrada ahora (aparté de sobre los gigantes que aparecen ahora con la máxima claridad) sólo sobre el de blanco que está sentado. De repente desaparecen todos los colores (los gigantes siguen siendo amarillos) y una pálida luz blanca llena el escenario. En la orquesta aparecen colores individualizados. Correspondiendo a ello se levantan en diferentes lugares aisladas figuras: deprisa, apresuradamente, solemnemente, despacio, mientras miran hacia arriba. Algunas se quedan quietas. Otras vuelven a sentarse. Luego vuelven a ser presa del abatimiento y todo se queda inmóvil.

Los gigantes cuchichean. Pero también ellos se quedan quietos y en pie, mientras que de detrás de la escena se escucha el coro opaco, que suena sólo durante breves momentos.

Después vuelven a oírse en la orquesta colores aislados. Sobre las rocas pasa una luz roja, haciendo que se estremezcan. Alternando con esta iluminación se estremecen también los gigantes.

Se presienten ciertos movimientos en las puntas.

En la orquesta se repiten varias veces *si natural* y *la*, aisladamente, unidos, unas veces muy agudos, otras veces casi inaudibles.

Diversas personas abandonan sus sitios y se dirigen, unas veces rápida y otras lentamente, hacia otros grupos. Los que están parados solos, forman pequeños grupos de dos o tres personas o se mezclan en grupos mayores. Los grupos grandes se dividen. Algunas personas salen corriendo de la escena, volviendo la cara. Así desaparecen todas las personas grises, negras y blancas: solo quedan en escena las multicolores.

Poco a poco ha surgido un movimiento generalizado arrítmico. En la orquesta, un desorden. Se vuelve a oír el grito penetrante del cuadro III.

Tiemblan los gigantes. Diversas luces barren la escena, cruzándose.

Grupos enteros salen corriendo de la escena. Se forma una danza general: comienza en diferentes puntos, deslizándose sobre todo y arrastrando a todas las personas. Correr, saltar, correr hacia los demás y alejarse de ellos, caer. Algunos mueven precipitadamente los brazos, otros solo las piernas, la cabeza, el torso. Otros combinan todos estos movimientos. A veces son movimientos de grupo. Grupos enteros hacen a veces uno y el mismo movimiento.

En el momento en que se llega a la mayor confusión en la orquesta, en los movimientos y en la iluminación, se hacen repentinamente la oscuridad y el silencio. Sólo en el fondo del escenario quedan visibles los gigantes, que poco a poco son absorbidos por la oscuridad. Da la impresión de que los gigantes se apagan como lámparas, es decir, ante la total oscuridad, salta varias veces la luz.

Cuadro VI

(Este cuadro tiene que seguir con la mayor rapidez posible.)

Fondo azul mate con el cuadro I (sin bordes negros). En el centro de la escena un gigante amarillo brillante, de cara blanca indefinible y con grandes y redondos ojos negros. Fondo y suelo negros.

Levanta lentamente ambos brazos a lo largo del cuerpo (las palmas hacia abajo), mientras va creciendo hacia lo alto.

Cuando ha alcanzado toda la altura del escenario y su figura parece una cruz, éste se oscurece de pronto. La música es expresiva, similar al proceso que se desarrolla sobre el escenario.

Der gelbe Klang
Texto publicado en el almanaque
Der Blaue Reiter, páginas 115-131
Traducción de Adriana Hochleitner
publicada en Schoenberg/Kandinsky, *Cartas, cuadros y documentos de un encuentro extraordinario*, Alianza editorial, Madrid, 1993

Apollinaire *Picasso, 1905-1918*

Richard Wagner *Arte y revolución*

Georg Simmel *Filosofía del paisaje*

Gertrud Stein *Picasso*

Pastor Paris *Arte degenerado: la exposición de 1937*

Carl Einstein *Los expresionistas alemanes*

Hugo Ball *Cabaret Voltaire*

Toulouse-Lautrec *Ellas*

Ramón Gómez de la Serna *Pintores*

Georges Bataille *La oreja de van Gogh*

Georg Simmel *El rostro y el retrato*

Antonin Artaud *Balthus*

Theo van Doesburg *¿Qué es Dadá?*

Georg Simmel *Rembrandt*

Carl Einstein *Picasso y el cubismo*

Juan Gris *Posibilidades de la pintura*

Georg Simmel *Filosofía de la moda*

Piet Mondrian *Música y pintura*

Merleau-Ponty *La duda de Cézanne*

Marcel Proust *Pintores*

Kazimir Malevich *Suprematismo*

Oskar Schlemmer *El teatro de la Bauhaus*

Amedeo Modigliani *Retratos*

www.casimirolibros.es